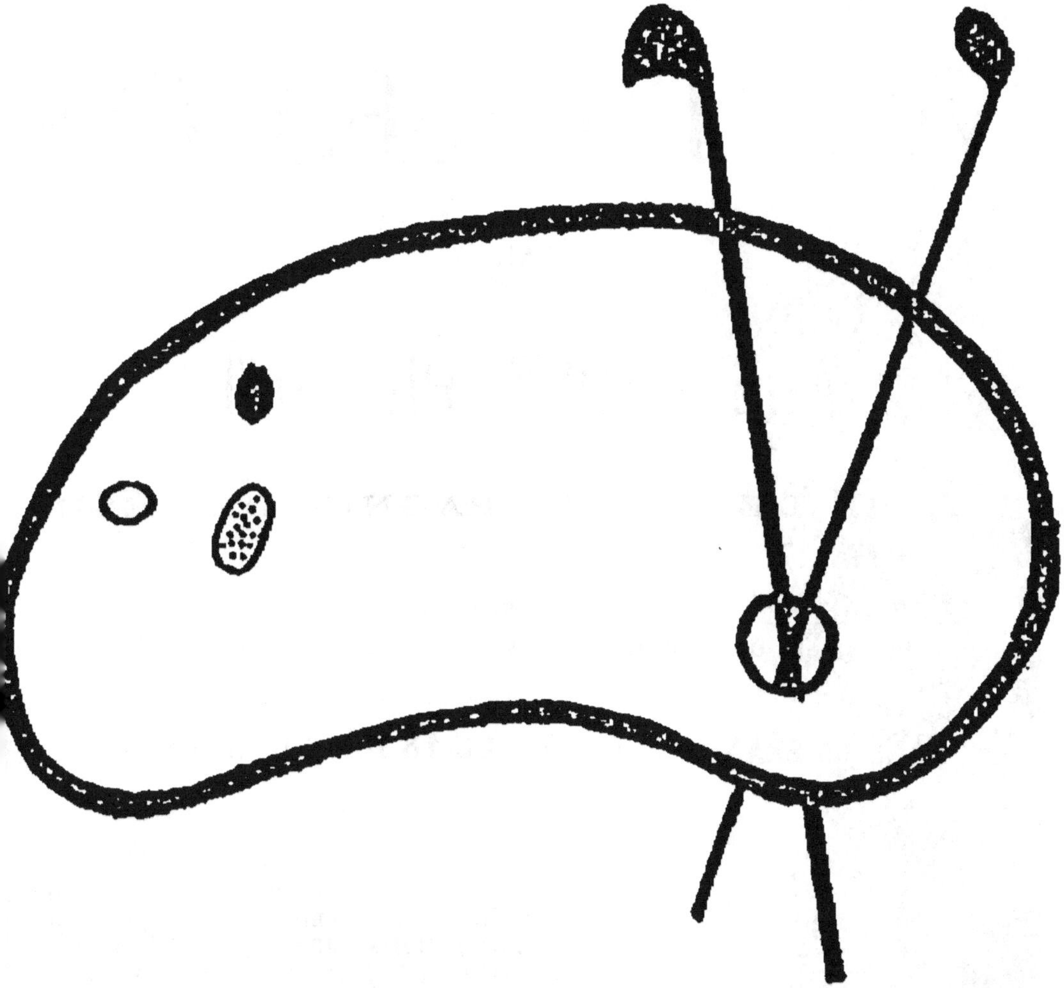

**COUVERTURE SUPERIEURE ET INFERIEURE
EN COULEUR**

HISTOIRE DE WATTRELOS

PAR

ALEXANDRE PRUVOST

PRÊTRE DE LA COMPAGNIE DE JÉSUS

Ouvrage couronné par la
Société Impériale des Sciences, de l'Agriculture et des Arts de Lille,

DANS LA SÉANCE PUBLIQUE DU 18 DÉCEMBRE 1864.

> Operæ pretium reor doceri... præteritorum gesta dierum .. Domino igitur opitulante, scripturi posteris sumus quæ gesta sunt... memoriam prosperitatis seu adversitatis quotannis in hoc opere describere sane decrevimus.
>
> *Lambert de Wattrelos*, ann. camerac., dans *Pertz* monum. germ., script t. 16, p. 520, p. 535, p. 549.

TOURCOING

IMPRIMERIE ET LIBRAIRIE DE J. MATHON.

1865.

Tourcoing, Imprimerie J. Mathon.

HISTOIRE
DE
WATTRELOS

HISTOIRE
DE
WATTRELOS

PAR

ALEXANDRE PRUVOST

PRÊTRE DE LA COMPAGNIE DE JÉSUS

Ouvrage couronné par la
Société Impériale des Sciences, de l'Agriculture et des Arts de Lille,

DANS LA SÉANCE PUBLIQUE DU 18 DÉCEMBRE 1864.

> Operæ pretium reor doceri... præteritorum gesta dierum... Domino igitur opitulante, scripturi posteris sumus quæ gesta sunt... memoriam prosperitatis seu adversitatis quotannis in hoc opere describere sanc decrevimus.
>
> *Lambert de Wattrelos*, ann. camerac., dans *Pertz* monum. germ., script. t. 16, p. 520, p. 535, p. 549.

TOURCOING

IMPRIMERIE ET LIBRAIRIE DE J. MATHON.

1865.

PRÉFACE.

Depuis quelque temps déjà un grand élan a été donné aux études historiques. Au milieu des bouleversements si fréquents qui changent la face de nos sociétés modernes, il semble que le spectacle des institutions et des mœurs de nos aïeux ait gagné en intérêt pour nous, habitués que nous sommes à un état de choses si différent. Il semble aussi qu'on sente la nécessité de fixer dans la mémoire des hommes ces vestiges d'un passé déjà si loin de nous, qui vont s'effaçant chaque jour de plus en plus pour ne pas tarder à disparaître complétement de la surface de notre sol. D'ailleurs, depuis que le peuple a pris une plus large part à l'administration des intérêts communs, on ne se contente plus de savoir ce qui s'est passé jadis dans le conseil des princes et à la cour des souverains : on veut pénétrer dans la vie intime, non-seulement de l'ancienne bourgeoisie, mais encore de la classe agricole, cette pépinière féconde où toutes les classes de la société viennent puiser une sève nouvelle.

Voilà, en partie du moins, ce qui donne de nos jours une importance réelle aux monographies des moindres communes. La Société Impériale des Sciences, de l'Agriculture et des Arts, établie à Lille, a compris l'utilité des travaux de ce genre, et depuis plusieurs années elle les favorise avec cette haute intelligence qu'elle montre des besoins de notre époque. M. Richaud, proviseur du Lycée impérial de Lille, exprimait noblement sa pensée dans la séance solennelle du 18 décembre 1864.

« Jusqu'à nos jours, disait-il, le peuple qui laboure et qui combat ; qui est le gros de la nation et le fond même de l'histoire, le peuple des campagnes est resté sans historien. Comme ces voyageurs qui, suivant le cours des grands fleuves, dédaigneraient d'en remonter les modestes affluents, les écrivains de cour s'attachant aux personnages célèbres, aux races privilégiées, laissaient dans un injuste oubli les populations agricoles, source de la puissance et de la grandeur des nations.

« Désireuse d'associer les contrées où s'exerce son influence à ce mouvement généreux qui marque l'avènement de la démocratie dans l'histoire, la Société des Sciences, de l'Agriculture et des Arts, avait mis au concours l'histoire d'une commune rurale du département du Nord. »

C'est à cet appel que l'auteur de cette monographie s'est fait un devoir de répondre.

En 1863, en l'absence de tout travail sur les

sujets présentés au concours, la Société avait couronné son histoire des Seigneurs de Tourcoing, publiée cette année-là même. Il a cru ne pouvoir montrer mieux sa reconnaissance à la savante compagnie qu'en prenant au concours de 1864 une part active et directe.

S'il a choisi la commune de Wattrelos, ce n'est pas précisément à cause des grands événements militaires qui s'y sont accomplis. Il est bien vrai qu'un jour, sur son territoire, la France se mesura avec l'Angleterre et l'Allemagne ; mais cette bataille, qui porte le nom de Tourcoing et non de Wattrelos, n'a rien de commun avec la lutte gigantesque qui s'engagea en 1815 entre les mêmes puissances sur le territoire de Plancenoit, et à laquelle est resté le nom fameux de bataille de Waterloo.

Il peut être permis aux grands historiens, à l'auteur des Girondins, par exemple, de confondre les villages de France avec ceux de Belgique ; nous n'avons pas de tels priviléges, et si nous avons choisi le Wattrelos du département du Nord, c'est d'abord que cette localité prend chaque jour une nouvelle importance et surpasse déjà par son industrie et le nombre de ses habitants, plus d'une ville de France. C'est, en second lieu, parce qu'ayant appartenu pendant douze siècles environ à des seigneurs ecclésiastiques, elle offre un caractère spécial qui la recommande à l'étude de l'historien.

En effet, à partir du VIIe siècle, suivant une opinion qui nous paraît très-probable, et bien certainement à partir du XIe, le village de Wattrelos a appartenu à la célèbre abbaye dite de Saint-Bavon, fondée à Gand par saint Amand, l'apôtre de la Flandre. Aussi, est-ce tout d'abord dans l'histoire de ce monastère, écrite par M. Van Lokeren, que nous avons puisé les premiers éléments de notre travail.

Cependant nous eussions été non-seulement fort incomplets, mais aussi parfois assez inexacts, si nous n'avions pas eu recours aux sources mêmes, c'est-à-dire aux documents originaux qui nous sont restés de l'ancienne abbaye gantoise. Les riches archives de la cathédrale de Gand contiennent un nombre considérable de chartes concernant Wattrelos. Nous les avons explorées avec soin, et nous ne nous sommes pas contentés d'en compulser l'inventaire, nous avons eu recours, autant que possible, aux documents originaux.

Nous avons aussi trouvé des renseignements précieux aux archives de la province de la Flandre orientale, à Gand, du département du Nord, à Lille, du royaume de Belgique, à Bruxelles, de l'évêché de Tournai, des mairies de Roubaix, de Tourcoing et de Wattrelos. Nous avons en outre consulté les manuscrits de la bibliothèque de Lille, sans parler des ouvrages imprimés, en assez grand nombre, que nous avons parcourus dans plusieurs bibliothèques publiques ou particulières.

Notre travail a été singulièrement facilité par l'obligeance extrême des conservateurs de ces divers dépôts littéraires. Nous nous faisons un plaisir et un devoir de leur en exprimer ici publiquement notre reconnaissance.

Suivant l'exemple qui nous a été donné par plusieurs auteurs, nous avons fait précéder l'histoire proprement dite, de plusieurs chapitres préliminaires comprenant divers renseignements généraux sur le village, et la liste de ses souverains et de ses seigneurs. En appendice nous donnons tous les noms des curés, baillis, échevins et hommes de fief, que nous avons pu rassembler au prix de longues et minutieuses recherches.

Quant au récit proprement dit, nous avons suivi presque partout l'ordre du temps, et nous croyons pouvoir nous approprier les paroles que nous avons prises pour épigraphe, et qui sont d'un auteur originaire par sa famille, de la localité qui nous occupe : nous voulons parler de l'annaliste de Cambrai, Lambert de Wattrelos, qui s'exprime en ces termes :

« Il est d'un grand intérêt, croyons-nous, de faire connaître les évènements des temps anciens. C'est pourquoi, avec le secours du Seigneur, nous écrirons pour la postérité le récit des faits accomplis, et le souvenir de la prospérité comme de l'adversité, sera consigné année par année dans cet ouvrage. »

Ce n'est pas à nous qu'il appartient de parler de la manière dont nous avons accompli la tâche que nous nous étions imposée ; nous en avons d'autant moins le droit que nous nous étions donné des juges. Mais ces juges ont été si bienveillants que nous osons à peine transcrire leur sentence. Nous le ferons pourtant, priant les lecteurs qui ne seraient pas complètement de leur avis, de ne pas, à leur tour, se montrer trop sévères.

« L'histoire de Wattrelos, dit le rapporteur de la commission d'histoire, est une œuvre importante, pleine d'intérêt, et vraiment digne de servir de modèle.

« Une grande abondance de matériaux patiemment recueillis, consciencieusement étudiés ; une curiosité de recherches qui n'est satisfaite que par la possession pleine et entière des faits ; et, dans l'élaboration de cette quantité infinie de textes et de documents consultés, une habileté ingénieuse, une critique exercée, un style clair, approprié au sujet, et un esprit fidèle aux sources religieuses : tels sont, rapidement indiqués, les mérites de cette œuvre qu'on attribuerait sans hésiter à quelque pieux et infatigable bénédictin.

« L'histoire de Wattrelos, proprement dite, est précédée de cinq chapitres traitant du nom et de la situation du village, de ses divisions territoriales, de sa population, de ses seigneurs, des souverains du pays, en un mot de tout ce qui peut débarrasser le récit et l'éclairer par avance. On aime un cadre ainsi préparé. Trente chapitres sont consacrés ensuite à l'exposé des faits civils, militaires, religieux, dont cette importante commune a été le théâtre. Un appendice contenant les listes des curés, chapelains et vicaires, des baillis, lieutenants, échevins, hommes de fiefs, et enfin des maires depuis la révolution, complète cette excellente monographie.

« Les habitants de Wattrelos peuvent se féliciter d'avoir une des meilleures histoires locales qui aient été faites jusqu'ici.

« La Société, voulant décerner à ce travail hors ligne une de ses plus hautes récompenses, a décidé que l'auteur recevrait une médaille d'or. »

INTRODUCTION.

CHAPITRE I.

NOMS, VARIANTES, ÉTYMOLOGIE.

Wattrelos s'est écrit jadis d'un assez grand nombre de manières différentes ; on trouve en effet :

Uuaterlos, 1030.
Waterlos, 1123, 1146, 1166, 1442, 1475, 1482, XVIIIe siècle.
Waterloz, 1478, 1520, 1562.
Waterloos, 1396.
Waterloes, fin du XIIIe siècle, 1350, 1481.
Watrelos, 1343, 1415, 1436, 1642, 1758, 1777.
Watreloz, 1306, 1408, 1464, 1544, 1549.
Watreloos, 1475.
Watreloes, 1475.
Watrelot, XVe siècle.
Watrelots, 1477.
Watrelo, 1566.
Wattrelos, 1715, 1820.
Wattreloz, 1603, 1615,
Wattrelooz, 1622.

Watterlos, 1715.
Watterlosium, XVIe siècle.
Watterloum, XVIe siècle.
Waitrelos, 1497.
Wastrelos, 1669.
Flaterlos, 1236, (Cartul. de Loos).
Fratrelos, 1224.

Les gens du peuple prononcent aujourd'hui *Ouaterlo*; les personnes instruites disent *Ouatrelo*; nul dans la contrée ne dit Vatrelo, ou Vatrelos.

Ce nom, dit M. Jules Tarlier, [1] signifie littéralement privé d'eau, des mots flamands *Water*, eau, et *loos*, privé de. Cette étymologie, suivant la remarque du même auteur, s'applique assez bien tant à la commune de Waterloo, devenue si célèbre depuis le 18 juin 1815, qu'à deux hameaux du nom de Waterloos qui se trouvent en Belgique, l'un à Neeroeten [2] dans le Limbourg, l'autre à Ophasselt dans la Flandre orientale; mais la commune qui nous occupe en ce moment n'est pas tout-à-fait dans le même cas, puisqu'elle se trouve sur une colline à peu de distance du ruisseau appelé l'Espierre. Il y a donc lieu de recourir à une autre étymologie.

Le mot *loo*, qui se rencontre très-fréquemment, signifie une hauteur boisée, et Wattrelos signifierait une hauteur

---

[1] Géogr. et hist. des communes belges, Brab. Nivelles, communes, p. 81, art. Waterloo.

[2] Un diplôme de Charlemagne, vers 790, mentionne parmi les biens donnés au couvent d'Echternach : *in Taxandria villam unam vocabulo Waderloe* (Bull. de la comm. d'hist., 1re sér. t. V, p. 267). Il y a aussi une localité appelée Wasserlos, près de Francfort-sur-le-Mein.

boisée, entourée d'eau, ou dans le voisinage de l'eau. L'addition peu régulière d'un *s* n'a rien qui doive surprendre, et M. Tarlier nous en fournit un exemple dans *Lentlo* (haùteur boisée de tilleuls) (966), devenu plus tard Lenloz (1214), Lellooz (1613) et Lillois (1823).

M. Monnier, dans ses études sur les noms des villes, bourgs et villages du département du Nord[1] ne tient pas compte de la terminaison *loos*, et se contente de dire que le nom de Wattrelos « d'origine germanique, indique, comme ceux de Watterland, Wattervlied, Wattermael, Watterweide, qu'on trouve en Belgique, une situation près des eaux, dans un sol humide et aquatique. »

Nous ferons remarquer que bien qu'il y ait de l'eau à Wattrelos, rien n'indique que son territoire, et sa partie centrale surtout, ait jamais tenu du marécage.

[1] Paris, 1861, pag. 162, 163.

CHAPITRE II.

SITUATION. — NATURE DU SOL.

La commune de Wattrelos est située à la frontière de France, dans le département du Nord, arrondissement de Lille, canton de Roubaix. Elle est limitrophe sur le territoire français des villes de Tourcoing et de Roubaix et du village de Leers-France ; sur le territoire belge, des villages de Leers-Nord, d'Estaimpuis, de Herseaux et de Luigne et du bourg de Mouscron.

Elle est à 3 kilomètres de Roubaix, 14 de Lille, et 47 de Douai ; et à environ 5 kilomètres de Tourcoing, 14 de Menin, 18 de Tournai et 18 de Courtrai.

C'est par ce village qu'on pénètre sur le sol français lorsqu'on se rend de Bruxelles à Paris par le chemin de fer du Nord.

Les cartes du ministère de la guerre, donnent pour l'altitude du centre du village 30 mètres, pour la Vieille-Place 33, pour le Paradis 25, pour Beaulieu 37, pour le trieu du Carrien 21, et pour le Moulin-Tonton, point culminant 38. Tourcoing et Roubaix sont plus élevés au-dessus du niveau de la mer, car on trouve près des Moulins à Tourcoing, et au Fontenoy à Roubaix une élévation de 50 mètres. L'église de Saint-Christophe dans la première est à 42 mètres, celle de Saint-Martin dans la seconde à 31 mètres.

On trouve cette localité désignée au XIe siècle comme faisant partie du *pagus Tornacensis*, pays ou contrée de Tournai. [1]

Elle se trouva plus tard enclavée dans la châtellenie de Lille et dans le quartier du Ferrain ; mais elle était exempte de la juridiction du grand bailli de Lille et formait une seigneurie particulière ne relevant que du comte de Flandre, sous l'autorité du seigneur abbé de Saint-Bavon à Gand. Elle appartenait donc plutôt à ce que l'on appelait *le comté* ou terre d'empire, nom sous lequel on comprenait trente-un villages ou hameaux dispersés entre les divers quartiers de la châtellenie de Lille. [2]

Quant au ressort ecclésiastique, la paroisse de Wattrelos a fait partie jusqu'au concordat de 1801, du diocèse de Tournai. Le collateur de la cure était l'évêque de Gand, comme successeur des abbés de Saint-Bavon.

Lorsqu'en 1588, l'évêque Jean de Vendeville voulut diviser son diocèse en douze décanats, Wattrelos était marqué comme une des 17 paroisses qui formaient le décanat de Roubaix [3]. Mais la division qui prévalut, laissa Wat-

[1] Wastelain, description de la gaule Belgique, éd. de 1788, p. 371.

[2] D'après Buzelin, la châtellenie de Lille comprenait les quartiers de Ferrain, de Mélantois, de Pévèle, de Carembault, de Weppes, d'outre-Escaut, et le comté appelé aussi terre d'empire. — Le même auteur place, il est vrai, Wattrelos dans le Ferrain, mais il est certain que le village ne ressortissait point des juridictions ordinaires de la châtellenie, et nous verrons plus bas qu'il existe des raisons spéciales pour lui donner le nom de terre d'empire. Notre opinion se trouve d'ailleurs formulée dans les notes envoyées à la préfecture du Nord par l'archevêché de Cambrai.

[3] Charta Joan. Venduillii, ep. Tornacen. de divisione sui episcopatus. Gallia Christ t. III. Instr. col 57.

trelos dans le décanat d'Helchin-Wallon ou de Tourcoing, qui comprenait 28 cures [1].

Wattrelos dépend aujourd'hui du diocèse de Cambrai, archidiaconé de Lille, grand décanat de la 2e section de l'arrondissement de Lille, décanat de Roubaix. [2]

D'après le dénombrement de l'an 1549, le village de Wattrelos contenait à cette époque :

854 bonniers 14 cents de terre et $\frac{1}{6}$ [3] se répartissant de la manière suivante :

Gens de roture :

En jardins	127 b.	5 $\frac{2}{3}$ c.
En terre à labour.	693	2
En prés.	7	7
En bois	2	1
En jardins, prés et bois. . .	7	

Gens d'église.

En jardins		2

Gens nobles.

En jardins	1	9
En terre à labour.	16	3 $\frac{1}{2}$

Le revenu d'un bonnier était de 20 livres pour les jardins et pour les prés, et de 10 livres pour les terres labourables et pour les bois.

---

[1] Legroux Stat. Synod. p. CLXXIX.

[2] Cameracum christianum, par M. Leglay, p. 481.

[3] Archives du dép. du Nord : Dénombrements L. 142. f. 95 v°. Nous remarquerons qu'en contrôlant les calculs, nous avons cru y apercevoir des erreurs dont la correction paraissait facile et aurait donné 855 b. 13 c. et $\frac{5}{6}$

Il y avait en outre dans le village un moulin pour moudre le blé et un moulin à *tordre huylle.*

On y comptait 22 chevaux, 252 vaches et 480 *blanches bestes* (moutons, chèvres, etc.)

Wattrelos fut imposé pour 279 livres 4 sous.

En 1498 on avait semblablement déclaré 22 chevaux *que bons, que autres* [1].

On n'avait payé alors que 170 livres de 40 gros.

En 1553, Wattrelos figure dans le rôle des impôts pour 854 bonniers, 13 cents environ de terre à labour, jardins, prés et bois ; pour 22 chevaux, 252 vaches et 430 moutons [2].

A cette époque, le bonnier de jardins rapportait par an en moyenne 12 livres de rente, et se vendait 250 livres. Le bonnier de labour rapportait 10 livres 10 sous et valait en moyenne 150 livres [3].

Trois manuscrits de la fin du XVIIe siècle ou du commencement du XVIIIe donnent des chiffres différents.

Le mémoire sur l'intendance de Flandres [4] porte 658 bonniers 13 cents 2 quarts.

Les notes sur la châtellenie de Lille, par Pierre-Louis Jacops, seigneur d'Hailly [5], donnent seulement 654 bonniers 1300 verges.

---

[1] Arch. du dép. du Nord. D. N. 293.
[2] Archives de Roubaix. C C. 1-3. Assiettes des villes, etc.
[3] Arch. du dép du Nord, D. 81, 82.
[4] Mss. n° 256 de la bibl. de Lille.
[5] Mss. n° 258 de la bibl. de Lille. Ce manuscrit contient une double erreur au sujet de Wattrelos qu'il dit relever de la salle de Lille et appartenir à l'abbaye de St-Pierre à Gand. L'abbé de Saint-Bavon, qui possédait Wattrelos, n'a jamais livré de relief à Lille.

Deux manuscrits sur la châtellenie de Lille, à la bibliothèque des archives du département du Nord [1], s'accordent sur le chiffre de 858 bonniers 13 cents de terre.

Enfin le petit dictionnaire historique de la châtellenie de Lille, 1733 porte 858 bonniers, 13 cents et demi 2 quarterons.

Nous ne comprenons pas comment Jacques Legroux, vers la même époque, n'assigne à Wattrelos que cent bonniers [2].

On assigne aujourd'hui à Wattrelos une superficie de 1300 hectares [3] ; voire même d'après d'autres documents [4], de 1359 hectares ou plus exactement de 1358 hectares, 8 ares [5], répartis en 1830, de la manière suivante : 1090 en terre labourable, 29 en prés, 187 en vergers, 2 en bois, 18 en fonds de maison et 33 en routes, rivières et chemins. Aujourd'hui le terrain occupé par des constructions est beaucoup plus considérable.

D'après un manuscrit du XVIIIe siècle [6], à Wattrelos « le terroir n'est pas si généralement bon que partout dans la châtellenie de Lille. Il produit bled, avoine, fèves, lins, colsats ; il y a un peu de bois et de prairies. »

L'annuaire statistique du département du Nord, pour l'année 1830, dit « qu'on y récolte les céréales, les graines

---

[1] Bibl. des arch. du dép. mss. n° 12 et n° 14. — Le n° 14 est de l'an 1716 environ.

[2] Mss. n° 279 de la bibl. de Lille.

[3] Informations adressées en 1845 au préfet du Nord.

[4] Annuaire statistique du dép. du Nord, 1830.

[5] M. Meugy, tableau statistique, dans les mém. de la soc. des Sciences et des Arts de Lille.

[6] N° 14 de la bibl. des arch. du dép. du Nord.

oléagineuses, le lin, le tabac, les pommes de terre, etc. » et que « sa culture principale est le blé. »

Pour ce qui regarde la constitution géologique de son sol, il nous est permis de ne pas la passer complètement sous silence, grâce aux travaux consciencieux de M. Meugy [1]. Dans son tableau statistique des communes de l'ancienne Flandre française, le savant auteur assigne au sous-sol de Wattrelos trois couches : celles des alluvions anciennes, appartenant à la période quaternaire et les systèmes Ypressien et Landenien supérieur appartenant à la période tertiaire. Les substances minérales utiles que contiennent ces couches sont, pour la première, l'argile jaune, pour la seconde, la glaise, et pour la plus profonde le sable. Cette dernière substance se rencontre au hameau du Plouy, où on l'exploite [2] ainsi qu'à Fournes. Plus fin que dans cette dernière localité, sans appartenir au sable fin proprement dit, le sable jaune de Wattrelos n'est recouvert que par trente centimètres d'argile et trente centimètres de terre végétale. De même que l'argile jaune le sable sert aux briqueteries de la commune, mais la substance plus particulièrement indiquée comme objet d'exploitation est la terre glaise qui affleure en certains points et qui est employée par la poterie du village.

[1] Mémoires de la Société des Sciences et des Arts de Lille, 1850 1851, 1852.
[2] Page 130 du mémoire dans le tiré-à-part. Dans le tableau M., Meugy ne mentionne comme substance exploitée que la glaise.

CHAPITRE III.

ASPECT GÉNÉRAL. — COURS D'EAU.

L'aspect de Wattrelos ne diffère point de celui qu'offre la plus grande partie de l'arrondissement de Lille; son sol, légèrement accidenté, permet à plusieurs ruisseaux de le parcourir en sens divers. Des champs bien cultivés et entourés d'arbres offrent au printemps un aspect fort agréable. Ceux qui, comme l'auteur de cet écrit, voudront escalader les échelles vermoulues qui mènent au haut de la flèche de l'église paroissiale, trouveront quelque compensation à la fatigue de cette périlleuse ascension, dans le spectacle qui s'offrira à leurs regards. D'un côté, dans la région de l'ouest, se présentent Tourcoing et Roubaix, avec les tours de leurs églises et les hautes et nombreuses cheminées de leurs fabriques. Il est vrai qu'à certaines heures, le matin surtout, le nuage de fumée qui s'élève des manufactures de Roubaix, semble vouloir obscurcir le ciel; mais on n'en est pas moins fier de se trouver en face d'un des pays les plus industriels de toute l'Europe. Au sud, on a devant soi l'ancienne ville de Lannoy, aujourd'hui la plus petite des communes de France. Puis en se tournant vers l'Orient, on jouit de la vue un peu plus poétique du mont Saint-Aubert ou de la Trinité qui s'élève majestueusement, laissant apercevoir de loin son église, but de pélerinage pour les habitants de toute la contrée.

Enfin, vers le Nord, c'est Mouscron avec ses belles collines; ce sont les riches villages de Herseaux, de Luigne et de Dottignies, entourés de massifs de verdure qui n'en laissent guère apercevoir que les clochers. Du même côté à peu près s'étendent les prairies de Wattrelos, où, grâce aux amateurs de Roubaix, eurent lieu en 1863 et en 1864 des courses de chevaux qui attirèrent une foule immense.

Nous avons parlé des ruisseaux qui serpentent sur le territoire de Wattrelos; ce sont eux qui concourent à former l'Espierre, petite rivière qui se jette dans l'Escaut non loin du pont d'Espierre et du village du même nom. Le plus considérable de ces cours d'eau est le Riez de l'Espierre. Il prend sa source à Mouveaux, traverse le territoire de Tourcoing, sans entrer dans la ville proprement dite, passe au hameau du Flocon, puis sous le chemin de fer et sous la route de Tourcoing à Roubaix, près du cabaret dit: *A ma Campagne;* sert quelque temps de limite aux communes de Tourcoing et de Wattrelos, puis, à partir du Triez Saint-Joseph et sur une assez grande longueur, à celles de Roubaix et de Wattrelos, et coupe ensuite le territoire de cette dernière commune d'une extrémité à l'autre, mais à peu près dans sa plus petite largeur. Quatre chemins qui le traversent dans cette partie, nécessitent les quatre ponts dit *des Préaux, planche des Mazures, pont des Mazures* et *pont du Petit-Tournay,* autrefois appelé *les Doubles-Planches.* Après avoir touché la Belgique et reçu un affluent du même nom que lui, venant de Mouscron, l'Espierre tourne et revient sur ses pas pour traverser la partie centrale du village et passer sous le *pont de Wattrelos* ou de la Vieille-Place, où il se trouve assez fortement encaissé. Il reçoit ensuite un tout petit ruisseau, puis, au Sartel, et non loin du pont du même nom, il se grossit du Trichon venant de Roubaix; de là il coule assez près de la limite qui sépare Wattrelos de Roubaix et de Leers, se trouve coupé plusieurs fois par le canal de Roubaix, avec lequel il forme ce que l'on appelle l'île Marie, et quitte le territoire à *la planche de la Bourde*.

Quant à ses deux affluents, le premier prend sa source à Risquons-tout, passe au Mont-à-Lœux, puis à partir du pont Masurelle, sépare la France de la Belgique jusqu'au pont du Petit-Tournay, à la limite de Herseaux, au hameau des Ballons espèce d'enclave dans le territoire de Wattrelos.

Le Trichon, d'après certaines cartes, prend sa source au Blanc-Séau, et traverse Roubaix au centre même de la ville.

Plusieurs nous sauront gré de décrire ici le cours de l'Espierre et ses affluents dans le village même de Wattrelos, d'après le grand terrier de la seigneurie achevé l'an 1778.

On y distingue trois Espierres. La première descendant de Tourcoing et servant de limite entre Wattrelos d'une part, de Tourcoing, Roubaix et Leers de l'autre, passe successivement sous le pont des Préaux, la planche et le pont des Mazures, la double planche, les ponts du Trevers et du Brusle, la planche du Prez, le pont du Courouble, les planches des Bedarts et de Favriel, le Prinpont, les planches des Cariens ou de Carihem et du Bestre, le pont de Grimonpont et la planche de la Bourde. La seconde Espierre descendant du Montaleux et séparant Wattrelos de Mouscron, de Luigne et de Herseaux, passe sous les ponts

Delval et du Montaleux et les planches Margotaine et du Pouffre, et se jette dans la première Espierre au Boisquelet-Clache entre les ponts du Trevers et du Brusle. La troisième Espierre descend de Tourcoing à celle du Montaleux. Le terrier indique en outre plusieurs Rieux, savoir : 1° le Rieu descendant d'Herzeaux et coulant vers les prairies des messieurs de Saint-Bavon et passant au Plat de Rimbeaurieu et sous le pont Delevigne; 2° le Rieu descendant du Fivelet, passant sous la planche Baret et le pont de l'Avelin, et se dirigeant par Sainte-Marguerite vers la planche des Cariens où il se réunit à l'Espierre; 3° le Rieu coulant du Paradis et du fief de la Longue-Court à l'Espierre du Grimonpont; 4° le Rieu descendant d'Estaimpuis et allant des Touquet de la Martelotte au pont de l'Allouette pour se réunir un peu plus loin au Rieu précédent; 5° le Rieu descendant d'Estaimpuis qu'il sépare de Wattrelos au bois de la Bourde pour se jeter dans l'Espierre après avoir passé sous la planche du Bas-Prez.

Lorsqu'à une époque reculée, le pays presque entier était boisé, ces ruisseaux étaient sans doute beaucoup plus considérables, et leur aspect pouvait offrir quelque agrément. Aujourd'hui rien de moins poétique que plusieurs de ces cours d'eau d'une couleur presque noire, et qui semblent ne charrier autre chose que de la vase, tant les manufactures de Tourcoing et de Roubaix y ont déposé de substances diverses.

La partie centrale de Wattrelos n'offre plus guère l'aspect d'un village; et nous avons vu d'anciennes villes qui le céderaient pour les constructions. Aussi le temps paraît peu éloigné où Wattrelos méritera le titre de ville.

Le reste du territoire est, comme toute la contrée, couvert d'un grand nombre d'habitations, parfois isolées, le plus souvent groupées en nombre tellement grand qu'elles formeraient dans d'autres pays de véritables villages. Aussi, comme nous l'allons voir, le nombre des hameaux est-il fort considérable.

CHAPITRE IV.

DIVISION TERRITORIALE.

A Wattrelos, comme partout ailleurs, la division territoriale a varié et les noms des hameaux ont changé plus d'une fois dans le cours des âges. Il est vrai que plusieurs noms de lieux, usités au commencement du XIII⁰ siècle, se sont conservés jusqu'à nos jours; mais en revanche, quelques-uns des noms usités au siècle dernier semblent avoir complètement disparu.

Nous donnerons en premier lieu la division générale de toute la paroisse, telle que nous l'avons trouvée marquée d'une manière complète en 1231; nous y ajouterons les *lieux dits* à d'autres époques jusqu'au XVIII⁰ siècle. Un acte concernant les dîmes nous apprendra comment Wattrelos était divisé en 1761. Enfin, nous terminerons par la division territoriale au siècle actuel.

En 1231, les revenus de la cour *(curie)* de Wattrelos se percevaient dans 21 quartiers différents, dont 19 appartenaient à la paroisse même de Wattrelos, deux, formant la terre de Durmes, se trouvaient à Herseaux et à Estaimpuis.[1]

1⁰ Ad atrium, a latre 1415.

---

[1] Registre intitulé : *Libri census abbatie Sti Bavonis*, aux archives de la Flandre orientale, contenant des terriers à partir de l'an 1227.

On désignait par *atre* de l'église, dans une grande abbaye du moyen âge, d'après M. de Caumont [1] une petite place devant la façade occidentale de l'église par laquelle le peuple venait aux offices et entrait dans la nef sans pénétrer dans les cours de l'abbaye. Les prieurés ruraux avaient aussi leur atre.

2° Al Aubel. La branche de Lobel, 1761, 1778;

L'aubel est un arbre du genre peuplier.

3° A Stries, [2] as Tries, 1415.

Tries ou *Trieux* désigne un terrain vague.

4° A Aviler;

5° Au Gaukir, au Gaukier, 1415; Gasquière, 1496; le Gauquier, 1777, 1864.

Le fief du Gauquier, qui avait ses bancs plaidoyables, appartenait en 1778, à M. Etienne de Lespaul.

Ce nom indique un endroit où était planté un noyer, en patois *gauquier*.

6° Au Ploits; la dîme de Ploich, 1363; au Ploic, 1415; le Plouy, le hamel du Plouy, 1777; le Plouys, 1864.

La seigneurie du Plouys avait son bailli et ses juges cottiers. Jacques-Joseph Piat en était bailli le 13 décembre 1763.

7° Al Caliuire, del Calivira; a le Calliuere, 1415; la branche de la Carluiere, 1761, 1778; Carluyer, 1777; la Carluyère, 1864.

---

[1] Archit. civ. et mil., pp. 50, 52.

[2] Dans ce mot, comme dans d'autres semblables, la lettre S ne paraît pas faire partie du mot lui-même, mais *a Stries*, *a Stombes* ou *de Stries* et *de Stombes* paraissent être mis pour *aux Tries* (Trieux), *des Tries*, *aux Tombes*, *des Tombes*.

8° A Grimaupont, le wez de Grimaupont, 1442. Le bos de Grimaupont, même date; le Grimonpont, 1761, 1777, 1864. Le cabaret de Grimaupont, 1778.

9° Au Bosc. *Pratum, mansura del Bosc.*

En 1364, le Bosc contient trois bonniers et deux quartiers et demi, et on en mentionne la dîme; au Bos, 1415.

10° Al quarovie.

Probablement la voie pour les chariots, *carrorum via.*

11° Al Bruile. Le Brulle, 1761, le Brusle, 1777; le Brueil, 1864.

C'était autrefois un lieu couvert de broussailles.

12° Au Forest, terra del Forest.

13° A Winehout, le vinage de Winehout, 1495; Winhout, 1761; le Soulier et Winhoutte, 1777; Winouth, 1864.

En 1778, la seigneurie de Winhoutte appartenait à Philippe-Augustin Imbert, écuyer, sieur des Fiévets.

14° Al Hermite, la dîme de le Hermite, 1364; à Hermite, 1415; on trouve en 1778 la piésente de l'Hermite et cinq cens de terre nommés l'Hermite, dans les environs de la chapelle des Marlières et des possessions du sieur de Bleu-Chastel.

Les ermitages étaient jadis fort répandus dans nos contrées.

15° A Spercin, *illi de Sperchin*, as Esparchins, 1415, à Esprechins, 1778.

16° A Stombes, *isti des Stombes*, les Tombes, 1230; as Tombes, 1415.

Il s'agit probablement d'un lieu où se trouvaient d'anciennes sépultures.

17° A Langleie (del Langleie), a Langlee, 1415; la cense de Langlé, 1778.

18° Hongi.

19° Al Hornuire, terra del Hornuire, a le Hornuiere, 1415. La branche d'Hornuyère, 1761; Hornuyeres, 1777.

Le fief d'Hornuyère appartenait en 1778, à Pierre-Philippe Bayart.

C'était une seigneurie ayant son lieu plaidoyable.

20° et 21° Terra de Durmes; in Hersel, apud Steinputs. Drume sur le territoire de Hersaux, 1777 [1].

On trouve aussi dans le livre censier de 1231, plusieurs terres spécialement désignées, sans qu'on puisse dire d'une manière certaine où elles sont situées. Telle est, par exemple, la terre de Heldebersart, nom qui indique un champ défriché, qu'un personnage appelé Heldebert avait mis en culture ou du moins possédé. D'autres terres semblent porter simplement le nom de celui qui les occupe; ce sont les terres dites : Dandriupreit (le pré d'André), Tuse, Spangol, Spaingol, del Forest, Ploket, Auberti, Sigeri Carpentarii, Everardi, Clerenbaldi, Pippini.

La liste qui suit comprend, à partir de cette époque, les lieux dits, les hameaux et les fiefs, tels que nous les avons rencontrés suivant l'ordre des dates.

La terre del Wastine, entre le Nhoe et les Tombes (sic), 1230. La couture de la Wastine, 1778.

Del Reharderie, Rearderie, 1231; a le Reardrie, 1442.

Ad Campos, 1231, as Camps, 1415; la rue des Champs, 1864.

Del masure Olivet, 1231.

---

[1] L'abbaye de Saint-Pierre à Gand possédait aussi à Hersaux la seigneurie du Busch qui avait son bailli et ses échevins (Arch. de la Cath. de Gand. Acte du 20 août, 1418).

Del Plat, 1231. Du Plat des Mottes, 1778.

Del Annot, 1231.

Les prés d'Embrayle, 1363.

La dîme dou Courouble, 1363, 1442, 1761; au Courouble, 1415. La branche et le pont du Courouble, 1778.

Le moulin de Waterlos, appartenant au seigneur, 1364.

La maison de Belleloco, 1364; la cour de Biaulieu, de la contenance de 38 bonniers 14 cents et 1/2, affermée à Pierre de Courcielles, 1408. Le bois de Beaulieu, 1415, 1442. Dîme de Beaulieu, 1761, Beaulieu, 1777, 1864.

En 1778, le sieur Albert-Constant Lambelin, était seigneur de Beaulieu; on mentionne aussi en 1778, l'ancien cabaret de Beaulieu.

La maison dite Boullard, 1364.

Le *domistagium* de Lasus, 1364, a Lasus 1415. Lassus 1442; en 1474 une rente assignée sur un jardin séant à Lassus, en un lieu nommé le Neuf-Ménage, est cédée à l'église de Roubaix à charge d'un obit annuel [1].

Le Manage appelé alle Candrelerie, 1404.

La mairie : Bosquet de la mairie, 1404; cense de la mairie, 1553 ; fief de le merry, 1642 ; ferme de la mairie 1642, 1778.

La Bourde (dîme de) 1408, 1761; cense ou ferme 1562, 1777, 1820.

Aux Escroyelles, 1415. — Escrouelles, 1761. — Le voisinage des Escrouelles, 1778.

A Lamulers, 1415.

A la Montaigne, 1415, Montaigne fief, 1539.

---

[1] Histoire de l'église de Saint-Martin à Roubaix, par M. Leuridan, p. 63.

Au petit Bos, 1415.

Au Sartiel, 1415 — Au Sartel, 1761, 1864.

A l'Espierre, 1415, 1692; la petite Espierre, 1442; l'Espierre fief, 1539; cense de la petite Espierre de VIII bonniers, 1553; le fief de la grande et de la petite Espierre, 1562. On trouve dans le terrier de 1778 : 1° le fief de l'Espierre situé à la planche des Bedards et appartenant à Dame Percourt, femme du sieur Scherer de Scherbourg[1]. 2° Les terres-fiefs de la grande et de la petite Espierre, appartenant au sieur Corbie, seigneur de Neuvireulle, Blicquy, etc., et situées toutes deux près du Touquet de la Martinoire, la grande au sud-est, traversée par le sentier allant vers la planche du Pouffre, la petite au nord-ouest, de l'autre côté du chemin qui va de la Martinoire au moulin Tonton[2]. 3° La ferme de la grande Espierre, qui touche à la ferme Delevigne[3]. Bavon de Bisschop possédait de 1727 à 1745 un fief de l'Espierre aboutissant à l'Espierre, coulant du Courouble à la planche de le Bedar[4]; Michel-Albert d'Halluin était le 8 juillet 1776 seigneur du fief et seigneurie de la petite Espierre,[5] et Lejeune Faulconnier dès Wasiers possédait, en 1778, le fief de la petite Espierre[6].

Au Plich, 1415; la motte du Plic, 1421, où existe présentement le petit moulin, 1778;

Au Mortier, 1415; le lieu Mortier ou du Mortier, 1778;

La terre de le Court, 1442;

---

[1] Terrier de Wattrelos de l'an 1778 n° 110.
[2] Ibid. n°s 900, 901, 903.
[3] Ibid. n° 905. [4] Baux de l'époque. [5] et [6] Indications provenant, croyons-nous, des archives de Wattrelos.

A le longhe Court, fief, 1442, le fief de la longue Court, 1778 ;

Le Marlière, 1442 [1] ; la branche des Marlières, 1778 ;

La ruelle de le Croix, 1442 ; de Croix, 1778 ;

A Wampret, 1442.

Au passage de Wanicourt, 1442 ;

A le longhe Fourke, 1442 ;

A le Londremere, 1442.

Le Stombekines, 1442. C'est probablement la localité désignée plus haut sous le nom de *a Stombes*. On trouve plus tard Etombegyne, 1539 [2] ou Estombeummes, 1539 [3].

En 1650, l'hôpital de Sainte-Elisabeth à Roubaix faisait l'acquisition de 5 bonniers et demi, cédés par Jeanne d'Amman d'Omberghes et formant le fief de Tombequines, à Wattrelos, tenu en justice viscomtière du chapitre de Saint-Bavon, à Gand, à cause de sa seigneurie de Wattrelos [4]. Ce fief avait son bailli et ses hommes responsables. — Tombequines, 1746; Tombequines, 1777. — On trouve

---

[1] C'est pour la première fois qu'apparaît le nom de la Marlière, devenu célèbre dans la contrée par la chapelle de la Marlière, située sur le territoire de Tourcoing et visitée par de nombreux pèlerins. On lit à ce sujet dans l'histoire de N.-D. de la Marlière par M. l'abbé Ducoulombier, p. 34 : « Il paraîtrait que la statue (de la T. S. Vierge) a été trouvée sur le territoire de Wattrelos ; car au XVIe siècle l'abbaye de Saint-Bavon réclama la Vierge de la Marlière comme sa propriété. L'évêque de Tournai décida la question en faveur du curé de Tourcoing. »

[2] Hist. de S. Bavon, p. 156.

[3] Invent. des chartes de S. Bavon.

[4] Hist. rel. de Roubaix, t. II, p. 238.

En 1647, le même établissement avait acquis 7 bonniers et demi-cens et 14 cents de terre à labour à Wattrelos.

aussi en 1615 le plancque des Tombards sur le sentier de Tourcoing à Wattrelos.

Au Paradis, 1442, 1761, 1864.

A le Gaiolle, 1442 (à la prison ?).

Le Bosquet qu'on dit le Roy, 1442.

A la Boutillerie, 1442; la Bouteillerie, fief, 1536, 1539, 1548, 1777, 1864. — Au XVIII° siècle un membre de la famille Corbie prend le titre de sieur de la Boutillerie.

Le Pont des Préaux, XV° siècle, 1778, 1820.

Le moulin des Mazures, XV° siècle ; le moulin des Mazures dit Tonton, 1778.

Saint-Landouwauld (Saint-Landoald). XV° siècle. Saint Landoald était un des saints dont les reliques reposaient à l'abbaye de Saint-Bavon.

Ceurre, fief, 1539.

Croisez, fief, 1539.

Quarte, fief, 1539.

Le fief des Vignons, 1539 ; Wignon 1778.

Longpret, fief, 1539.

Wenermont ou Winemont, fief, 1539.

Le fief des Mottes, 1546.

Le fief de la Vigne, 1562 ; la Vigne, 1777. — En 1778 le fief et seigneurie de le Vigne, de la contenance de 13 bonniers 4 cens, ayant maison manable, etc., motte, etc., était possédé par Messire Arnould-Hugues-Joseph Vandercruisse, écuyer, seigneur de Waziers, Wervick, la Moquellerie, de le Vigne, etc. ; — cense de le Vigne, 1778.

Le fief de Bols, 1563.

Les Masures, cense et fief, 1553. Moulin des Masures

1566. Le ponchel des Masures, 1615. Les Mazures, 1777. La grande Mazure et la petite Mazure, 1778.

La Tanerie, cense et fief, 1533.

Il est à remarquer que le fief des Masures, avec celui de la Tannerie qui en relevait, bien que situé dans la paroisse de Wattrelos, n'appartenait pas à la seigneurie de Saint-Bavon, mais ressortissait directement à la salle de Lille [1].

Aux Mallets, 1553; il y avait là un moulin à l'huile.

Le Becq, 1615.

La petite Bisque, cense, 1667.

Le franc fief, consistant en 20 à 26 bonniers, 1642.

Le bois de Saint-Liévin, XVIIe siècle ; Saint-Liévin 1777, 1864.

Le chemin du Trevers, 1692. Le Trevers 1777, (chemin de traverse?).

Bas-Chemin, 1745; Bachemain, 1777; Bas-Chemin, 1864.

L'Étoille, lieu manoir, XVIIIe siècle.

Le Bosquiel de l'église, lieu manoir, XVIIIe siècle.

Comme on l'a vu, la seigneurie de Wattrelos est une chose distincte de la paroisse, puisque le fief des Masures avec son arrière-fief de la Tannerie appartient à la paroisse et non à la seigneurie, et la terre de Durmes à la seigneurie et non à la paroisse.

Nous complèterons ce qui regarde la seigneurie en mentionnant certaines dépendances de Wattrelos, qui s'en trouvaient éloignées et ne s'y rattachaient que par le lien féodal. On mentionne premièrement trois bonniers fiefs à Moen, dans la châtellenie d'Audenarde ; secondement,

---

[1] Voir aux appendices une notice sur ces deux seigneuries.

dix-huit bonniers de terre cottiers, situés à la Madeleine, près de Lille¹, et qui s'étendaient aussi sur Marcq-en-Barœul, vu qu'un acte de 1495 spécifie les rentes seigneuriales qu'avait l'abbaye à Marcq-en-Barœul et à la Madeleine-lez-Lille². Troisièmement, dix-huit bonniers sept cents de terre cottiers au hameau d'Ennetières en Melenthois, paroisse d'Avelin, et aussi à Avelin même³. L'abbaye avait là un bailli particulier, puisque le 7 août 1558, Pierre Desmons prêta serment devant le bailli et les échevios de Wattrelos, comme bailli des fiefs que l'église de Saint-Bavon avait à Avelin, Ennetières et autres lieux circonvoisins.

Une lettre de terrier du roi de France de l'an 1764, contient l'énumération sommaire des possessions de l'évêque et du chapitre de Gand dans le royaume très-chrétien. Il y est dit qu'à cause de leur terre et seigneurie de Wattrelos et de leurs autres fiefs, « il leur appartient dans les paroisses de Wattrelos, Estimpuict, Herzeaux, Marcq-en-Barœul, la Magdeleine-lez-Lille, Ennetières et Avelin, plusieurs rentes, dîmes, terrages, souastes, foy et hommages, lots et ventes et autres droits et devoirs seigneuriaux »⁴

Ainsi que nous l'avons indiqué plus haut, un document

---

¹ Mss. 14 de la Bibl. des arch. du dép. du Nord.
² Arch. de la cath. de Gand.
³ Mss. déjà cité. On trouve aux arch. de la Fl. orien. un appointement entre les seigneurs de S. Bavon et Jacques de Hennin, bourgeois de Lille, au sujet du fief d'Ennetières, 28 novembre 1546.
⁴ Placart imprimé à Lille chez Peterinck-Crame, aux archives de Roubaix.

de l'an 1761 [1] nous fait connaître quelle était au XVIIIe siècle la division territoriale par rapport aux dîmes.

La paroisse de Wattrelos comprenait 22 branches dont voici les noms [2] :

Du Sartel, 1864.
Du Paradis, 1777, 1864.
Du Marais.
Des Ecrouelles.
De Lobel.
D'Hornuyère.
Du Courouble.
De Double Planche.
Du Brulle, 1777.
Du Grimonpont.
De la Carluière, 1864.
De Lalouette.
De Beaulieu, 1777.
De le Bourde, 1777.
Des Marlières.
Du Moulin Tonton.
Du Ratentout, 1864.
Du Mont à Leux, 1777.
Du petit Moulin, 1777.
Du Trevers, 1777.
Du Winhout, 1864.
Des Mazures, 1777.

[1] Archives communales de Wattrelos, Registre des contracts, 1701, f. 441.
[2] Il faut remarquer que l'acte dont nous tirons cette liste concerne les dîmes de Wattrelos « avec ce qui s'étend sur la paroisse d'Etaimpuis. »

Nous extrayons les indications suivantes de la célèbre carte de Ferraris de l'an 1777, que nous avons comparée avec la carte de Cassini.

Voisinage des Fleuris.
La Vigne.
L'Epine.
Petit Moulin.
Toucquet.
Montalleux.
Petit-Tournay.
Les Mazures.
La Tannerie.
Le Brusle et le Trever.
Cretonnieres.
Vielle-Place.
Hornuyères.
Tombequinz.
Le Soulier et Winhoutte.
Vinage du Gibet.
S. Liévin.
Baillery.
La Maitairie (mairie?).
Bachemain.
Baulieu.
Paradis.
Sainte Marguerite.
Le Sartel.
Birloue.
Grimonpont.
Carluyer.

La Bourde.
Le Plouy.
Martelotte.
Le Gauquier.
La Houzarde et Winon.
Rouvilliers.
La Bouteillerie.

On lit de plus les noms de Lassus et de la citadelle sur le territoire de Herseaux, ainsi que celui de Drume.

Le grand terrier de l'an 1778 se rapportant au plan dressé en 1730[1] divise toute la seigneurie en sept branches qui sont :

1° Des Marlières, contenant les parcelles de terrain numérotées de 1 à 60 ;

2° De la Tennerie, de 61 à 418 ;

3° Du Courouble, de 419 à 841 ;

4° Du Sartel, de 842 à 1,240 ;

5° De Lobel, de 1,241 à 1,647 ;

6° De Beaulieu, de 1,648 à 1,815 ;

7° De la Carluyère, de 1,816 à 1,959.

Nous indiquerons, autant que possible d'après l'ordre des branches, la plupart des lieux-dits mentionnés au terrier précité.

1° Aux Marlières :

L'Hermite, consistant en cinq cens de terre à labour, à côté de la piedsente de l'Hermite ;

Le bas et le haut bonnier.

2° A la Tennerie :

[1] Arch. de la cathéd. de Gand.

Les chapelles des Mazures et des Sept Fresnes ;

Les censes de le Tennerie, des Mazures ou de la grande Mazure, de la petite Mazure, de la grande Espierre ;

Les fiefs de le Vigne, du Winhout ;

Les terres fiefs appelées la grande et la petite Espierre ;

Le moulin des Mazures dit Tonton, et le petit moulin sur la motte du Plich ;

Les touquets (coins) de la Martinoire, des Moutons, du Pille, Donjean, de la Forte-Bière ;

Les rues du Winhoutt, des Basses-Portes ;

Le grand et le petit chemin des Mazures ;

Le Chopet, le Funquereau, les Sept-Fresnes ;

Trotries, le Ratentout ;

Les Watteaux, terres novales ; le Mescouviez ;

L'ancien lieu patibulaire dit Potence-Lambin et la chapelle des Marlières (hors de Wattrelos).

3° Au Courouble :

La Vieille-Place, le Brulle, le Trevers, le Cretenier ;

La cense de Langlez ;

Les fiefs d'Hornuyere ; du Blanc-Bonnet, au Crétenier, appartenant à M° Jacq.-Jos. Piat, notaire et greffier de Wattrelos ; des Mottelettes, au Trevers, à Pierre-Jos. d'Halluin de Beaulieu ; du Forel ;

Le Francbois ;

Les terres dites Rapières, à MM. de Saint-Bavon ;

Le Trieu d'Hornuyère ;

Le Haut Vinage ;

Le Touquet Noullet ;

Les rues du Trevers, du Cretenier, de la Hornuière ;

La piedsente du Leu ;

La fosse dite du Baudét ;

Les cabarets du Dragon, du Crétinier ;

4° Au Sartel :

L'église et la Grand'Place ;

La chapelle de Saint-Liévin ;

Le Pilori et le Gibet, ancien lieu patibulaire ;

La Maison ou Hôtel de Ville, à usage de cabaret, ci-devant Saint-Hubert, près du pont du Courouble et le fief du Wez Del Court, (gué de la cour) appartenant, comme l'Hôtel de Ville, aux enfants de Pierre-Roger Jonville ;

Le grand moulin à blé, un autre moulin, et un moulin à huile sur la drève de l'Avelin ;

Les censes de Beaumez, du Bois, de Sainte-Marguerite, du Paradis ;

La couture de l'Avelin ;

Le fief de l'Espierre ; celui de Beaumez, à Agnès Goudeman, veuve du sieur Mahieu, dame de Beaumez ;

Le hamel du Paradis ;

Les rues de l'Avelin, du Bestre, du Paradis, Neuve, du Grimaupont ;

Le chemin et la piedsente des Foreaux ;

Les plats des Mottes, du Rimbeaurieu, de le Vigne ;

La carrière du Birlouet ;

Le carrefour du Paradis ;

Le touquet de Sainte-Marguerite ;

Les prairies de MM. de Saint-Bavon.

5° A Lobel :

Les censes de la Boutillerie, du Gauquier, celle des Mottes, appartenant aux jésuites de Courtrai ;

Les fiefs de la Boutillerie, du Gauquier, celui de la Missart aux Virnot de la Missart ;

Le Gauquier, Rimbeaurieu, le Fivelet ;

Le Wignon, le Grimoire ;

La Fleurière, le Cachevaque, Louvillers ;

Le bois de Beaulieu, ancien cabaret et le cabaret de Beaulieu ;

Les rues de la Baillerie et des Ecrouelles aboutissant au chemin d'Audenarde qui mène de Wattrelos à Dottignies ;

La rue des Foreaux ;

Le marais d'Estaimpuis ;

Le Gibet, ancien lieu patibulaire.

6° A Beaulieu :

Le hamel du Plouy ;

Les censes de Beaulieu et de le Bourde ;

Le fief de la Longue Court ;

Le touquet Martelotte ;

Le bois de le Bourde.

7° A la Carluyère :

La Frette à Fourche.

La statistique du département du Nord, publiée en 1804 par le Préfet M. Dieudonné[1], ainsi que le bulletin de la commission historique du département[2], cite 23 hameaux ou lieux dits, savoir :

  Le Sartel,
  Sainte-Marguerite,
  Le Bettre,
  Le Paradis,

---

[1] P. 384, 385 ; [2] Tome VI, 1862, p. 201.

Le Grimonpont,
La Carluyère,
Le Plouis,
La Martelotte,
Le Bois de Beaulieu,
Le Gauquier,
La Boutillerie,
La Louvillière,
Saint-Liévin,
Le Bas-Chemin,
Le Moulin Tonton,
La Marlière,
Les Fleury,
La Martinoire,
Wimont,
Le Petit-Tournay,
Le Cretenier,
La Baillierge,

Comme le Rouvilliers de Ferraris, la Louvillière rappelle l'Aviler du XIII° siècle.

Personne n'exigera de nous que nous rapportions toutes les autres appellations nouvelles que le peuple donne soit à d'anciens hameaux, soit à de nouveaux groupes de maisons, comme la Broche-de-Fer, le grand et le petit Audenarde, etc.

Le plan cadastral de 1820 comprend cinq sections, celles : A, de la Martinoire ; B, de la Vieille-Place ; C, de la Boutillerie ; D, de la Carluyère ; E, de Sainte-Marguerite.

Nous en extrairons seulement quelques noms qui ne se rencontrent pas ailleurs.

Ferme Cocheteux.

Sapin-Vert, cabaret.

Deberlaffé, hameau faisant aujourd'hui partie du Crétinier.

La ferme du Bas-Fossé ou Langlé.

Le moulin Malgrétous.

La planche Beaumet.

La ferme Picavet.

Le moulin des Trois-Sots, ainsi nommé de ses trois premiers meuniers qui s'y étaient ruinés.

La ferme Creneste.

Aujourd'hui la commune de Wattrelos se subdivise officiellement de la manière suivante :

I. Le quartier de la place comprend les rues des Archers, Basse, de l'Abreuvoir, le contour de la Chapelle, les rues des Champs, du Greffier, des Hautes-Voies, Saint-Joseph, de l'Empereur, Saint-Liévin, de la Mairie, du Moulin, Sainte-Marguerite, du Suisse, de la Citadelle et la place publique.

II. Le quartier de la Vieille-Place comprend: les rues des Ballons, du Crétinier, la courée de Holbeck, les rues des Jardins, de Joinville, les courées de Meurisse, de Mulliez, de Ghermain, la rue Saint-Nicolas, le passage des Panoramas, les rues du Petit-Tournay, de Tourcoing, de la Vieille-Place.

III. Les hameaux, au nombre de 29, portent les noms suivants :

Du Brueil.

Du Beck.

Du bois de Beaulieu.

Du Bas-Chemin, à 1 kilomètre de distance du chef-lieu.

De la Baillerie.

De la Boutillerie.

Du Crétinier.

De la Carluyère.

Du Château d'or.

Du Fleury.

Du Grimonpont.

Du Gauquier.

De la Housarde, à 2 kilomètres de distance du chef-lieu.

Du Laboureur, à 1 kilomètre de distance du chef-lieu.

De la Martinoire.

De la Marlière.

De Sainte-Marguerite.

De l'Ile-Marie.

De la Martelotte.

De Saint-Liévin.

Du Petit-Tournay.

Du Paradis.

Du Plouys, à 4 kilomètres 5 de distance du chef-lieu.

De la Plume.

Du Rattentout, appelé aussi Sapin-Vert, à 4 kilomètres de distance du chef-lieu.

Du Sartel.

Du Touquet, jadis Touquet-des-Moutons, à 2 kilomètres 5 du chef-lieu.

Du Winouth.

Du Nouveau-Monde, à 4 kilomètres 5 de distance du chef-lieu.

Les hameaux dont la distance par rapport au chef-lieu est indiquée, sont marqués comme les principaux dans un rapport adressé en 1845 à la Préfecture du département du Nord.

CHAPITRE V.

POPULATION.

Le plus ancien terrier de Wattrelos, qui est de l'an 1231, contient les noms de 249 tenanciers de l'abbaye, parmi lesquels 220 se présentent comme chefs d'exploitation, et 100 portent des surnoms différents; on peut donc, sans craindre d'être taxé d'exagération, affirmer qu'il s'y trouvait alors plus de cent feux ou ménages : ce qui ferait une population de cinq à six cents âmes.

Le premier renseignement précis est de l'an 1469.

Le dénombrement des feux de la châtellenie de Lille pour cette année-là [1] assigne à Wattrelos 110 feux, à Tourcoing 130, et à Roubaix 104.

En 1498, le 10 mai, à l'occasion du « dénombrement des feux, harnas de tous les villages de la chatellenie » [2], sire Jehan Bataille, vice-curé de Wattrelos, Hoste du Ploich, bailli, Jehan de Le Croix, Laurens et Jehan Hespiel, et Jehan Descamps, affirment « que au village dudit Wattrelos, y a deux cens feus ou environ dont les trente-six prennent les biens de la carité des povres et la pluspart desquelz vont journellement demandans l'aumosne de maison à autre et le demourant sont gens labouriers en grant partie

---

[1] Arch. du dép. du Nord.
[2] Arch. du dép. du Nord, D. N. 293, f. 46.

et les autres manouvriers gagnans leurs vies au mieux qu'ils peuent. »

Les mêmes personnages interrogés s'il y avait eu à Wattrelos « dépopulation ou augmentation en gens ou en bestail » depuis l'an 1491, répondent que « le nombre des gens et bestail est moindre, » et assignent trois causes à cette diminution : « les guerres qui ont régné par cy devant, les grands logis de gens d'armes, et aussi qu'ils se dient trop chargiés et assys en l'ayde attendu leur povreté. »

Le dénombrement de 1549 [1] porte 203 feux. Celui de 1553 porte exactement le même nombre.

Un rapport du curé Jacques de le Court, qui administrait la paroisse en 1622, porte le nombre des communiants à environ 1400. Jacques Legroux, dans sa description de la Flandre gallicane [2], le porte à 1600 pour le commencement du XVIIIe siècle, et l'historien janséniste du *nouveau fanatisme dans le diocèse de Tournay*, parle en 1721 [3] de Wattrelos comme d'une paroisse de 2000 communiants.

Vers l'an 1716, on comptait à Wattrelos 400 feux, y compris les pauvres [4].

En résumé, Wattrelos avait :

En 1449, 110 feux.

En 1498, 200 » ou environ.

En 1549, 203 »

En 1553, 203 »

[1] Arch. du dép. du Nord, L. 142, f. 95 v°.
[2] Mss 279 de la Bibl. de Lille.
[3] P. 249.
[4] Mss. 14 de la Bibl. des arch. du dép. du Nord.

Vers 1716, 400 »

Et d'après d'autres supputations :

Vers 1622, 1400 communiants.

Vers 1700, 1600 »

Vers 1721, 2000 »

Les annuaires statistiques du département du Nord[1] et les registres du commissariat de police nous permettent de former le tableau suivant :

1803 — 3,902 habit. formant 823 ménag. en 771 mais.
1805 — 3,969 » » 823 » 721 »
1809 — 3,969 » » 613 » 613 »
1827 — 4,485 » » 1,186 » 1,097 »
1831 — 7,072 »
1836 — 7,799 »
1841 — 7,834 »
1844 — 8,736 » formant 1,760 ménag. en 1,703 mais.
1851 — 10,329 » » 2,212 » 2,140 »
1856 — 10,380 » » 2,212
1861 — 12,315 » » 2,584 » 2,498 »[2]

Il nous a paru qu'une liste des noms usités à Wattrelos au XIIIe siècle, pouvait offrir un véritable intérêt. Il est fâcheux que le document de 1231, qui nous les fournit, soit écrit en latin, et que par suite nous ne puissions, d'une manière certaine, donner le véritable nom vulgaire. Plusieurs noms toutefois se trouvent en latin et en roman. Nous mettrons entre parenthèses les noms que nous

[1] Ces annuaires donnent pour plusieurs des derniers recensements des chiffres inférieurs à ceux des registres de Wattrelos. Divers dictionnaires de géographie donnent des chiffres fort inexacts.

[2] Le dictionn. topog. de la France, par Peigné, 1863, porte 12,315 dont 3,587 pour l'agglomération centrale.

regardons comme correspondant à ceux que nous avons trouvés.

PRÉNOMS OU NOMS DE BAPTÊME.

Aelis (Adèle).
Agnès.
Alardus, Alars.
Arnulphus (Arnoul).
Ava.
Balduinus (Baudouin), Baldo, Baude, Baudeloke.
Bernardus, Bernars.
Boide, Boidin (Baudouin?)
Broket.
Cambrons.
Cecilia (Cécile).
Christianus (Chrétien).
Clementia (Clémence).
Clerenbaldus (Clérenbaud).
Colins, Nicolaus (Nicolas).
Disdaus.
Egidius (Gilles), Gilos.
Elizabeth.
Emmelina, Emmelins.
Ermengars.
Eustachius, Stacius (Eustache).
Everardus, Everars.
Formaus.
Foubers.
Galiars.
Girardus (Gérard).

Gilos.
Gislebertus (Gislebert).
Godekinus.
Godescalcus.
Gonterus.
Gose, Gosuinus (Goswin).
Heilo.
Heldiars.
Henricus (Henri).
Hosto (Hoste ou Oste).
Hugo (Hugues).
Ida.
Ivo.
Jacobus (Jacques).
Johannes (Jean).
Lambertus (Lambert), Lambe, Lambins.
Laurentius.
Mabe.
Maria.
Martinus (Martin).
Mauritius (Maurice).
Meinsent.
Meurans, Morand, Morandus.
Michaël (Michel).
Monars.
Mortange.
Motons.
Oda.
Ogiva.
Oliva.

Oliverus (Olivier).
Pascha (Paschalis).
Perona.
Petrus (Pierre).
Philippus (Philippe).
Pilefor.
Pressars.
Radulfus (Raoul).
Ratir.
Reinerus (Renier).
Robe, Robertus (Robert).
Rogerus (Roegier, 1350, Roger).
Sara.
Sigerus (Sohier).
Stephanus (Etienne).
Symon.
Terricus (Thierry).
Thomas.
Walterus, Waute (Wautier, Gautier).
Wido (Gui).
Willars.
Willelmus (Guillaume).
Ysaac.
Ywain.

Dans la liste des SURNOMS OU NOMS DE FAMILLE qui suit, on remarquera que beaucoup de ces noms sont tirés des localités ou hameaux de Wattrelos même :

Advocatus.
Bios.

Bistirs.
Bonir.
Borkart.
Braconarius (le Braconnier?).
Cambrons.
Canis (le chien).
Canives.
Carpentarius, li Carpentirs (Carpentier ou Charpentier).
Caudcaus.
Choppars.
Clericus.
Criart, Criars.
De Auviler, Davilers, 1343, Dauvillers, 1553.
De Carnoit.
De Columbario (du Colombier).
De Cruce, De le Crois, 1343 ; de le Croix, 1553.
De Evrengies.
De Gant.
De Hongi.
De Heppengies.
De Langleie, de Langlée, 1343, 1364.
Del Aubeel, del Aubel (Delobel).
De la Suis, de la Sus.
Del Bosch, dou Bos, 1343 ; du Bos, 1553 ; Dubois, 1553.
Del Bruile.
Del Cabocherie.
Del Chuingier.
De le Beke.

De Lespire, del Spiro, de le Spiere, 1280; de l'Espiere, 1350; de le petite Espierre, 1343.

Del Forest.

Del Gaukir.

Del Hameel, du Hamiel, 1553.

Del Hermite.

Del Hornuire.

De Lis.

Del Mairie, de le Mairie, 1350, 1404.

Del Molin, de Molendino; du Moulin, 1405, du Mollin, 1553.

Del Nho, del Noe, de la Noe, 1442.

De Longmaresc.

Del Ortioth, de Lortioit, 1442.

Del Pelits.

Del Praiaz.

Del Ruwe; De le Rue, 1553.

Del Sartel.

Del Vinnage, de Vinage.

Del Wassengie.

De Néchin.

De Ponte (Dupont).

De Prato, Du Prest, 1553.

De Quarovie.

De Robbais.

De Rivo, Du Rieu, 1553.

De Sancto Leodegario (de Saint-Léger).

Des Cars, 1350, Descamps, 1553.

Des Kaines, des Kennes (Desquesnes).

Des Preis.

De Staples.
De Stries, des Tries, 1442, Du Tries, 1553.
Des Tombes, 1341, de le Tombes, 1553.
Des Tombekines.
De Trameries.
Dux (Leduc).
Faber, Lefebvre, 1553.
Fausars.
Flamens, Flaming.
Floris.
Galiars.
Hasars, Hasart, Azart, 1653.
Hasekin.
Hespiaus, Hespiel, 1442, 1553.
Labans.
Le Baliu (Le Bailli).
Le Bechine.
Le Sage.
Le Sec, Siccus.
Li Ancoerne.
Li Apostles.
Li Bais.
Li Boleteis (Le Bluteur?).
Li Coevereres (Le couvreur?).
Li Cokins (Le cuisinier?).
Li Cornus.
Li Disciples.
Li Flamens.
Li Katainges.
Li Lodirs.

Li Mercans (Le marchand).
Li Mercirs.
Li Miens.
Li Monnirs (Le meunier).
Li Preuthons (Le prudhon, le prud'homme).
Li Reppehaue, Reppehaue.
Li Reveleus.
Li Viuwarirs (Le vieux vairier, le tailleur).
Li Waits.
Longus (Le Long).
Magnus (Le Grand).
Males.
Morel.
Mortange.
Mossirs.
Nepos.
Parvus (Le Petit).
Pelsins.
Petols.
Pilefer.
Pipenie, Pippin, Pippins.
Plokes.
Rex (Le roi).
Scachars.
Sclincars.
Spangols, Spaingol.
Spornirs (Eperonnier.)
Sloc.
Thions, Tions.
Vicinus (Voisin).

Viezbleit.
Warlens.
Weris.
Wimons.

Comme on l'a vu, en regard de plusieurs de ces noms du XIIIe siècle, nous avons placé les noms qui y correspondaient dans les trois siècles suivants. Nous n'ajouterons à ces listes que quelques noms tirés des hameaux de Wattrelos ou des localités voisines ; ils appartiennent tout spécialement à Wattrelos. Nous renvoyons aux listes des échevins et hommes de fief pour les noms des familles les plus marquantes de l'endroit.

Calluwiere, 1343.
Des Eperchins, 1553.
De Duremes, 1350.
De Escroyelles, 1364.
De Grimaupont, 1442.
De Lattre, 1553.
De le Tanerie, 1343.
De Mouskron, 1341.
Dou Plich, 1341, Du Plic, 1442, Du Plouick, 1553.
Dou Ponciel, 1343.
Du Forest, 1553.
Wastine, 1553.

CHAPITRE VI.

SOUVERAINS ET SEIGNEURS DE WATTRELOS.

Nous n'avons nullement l'intention de faire à l'occasion de Wattrelos, une histoire abrégée de la France et de la Flandre ; mais nous croyons utile de donner ici la liste chronologique des souverains du pays. Par là nous entendons non-seulement les rois de France dont la Flandre relevait, mais encore les comtes de Flandre qui, à partir d'une certaine époque, exercèrent sur toute la Flandre, une véritable souveraineté, leur sujétion vis-à-vis du roi de France étant devenue presque purement nominale. Comme nous le dirons plus bas, les comtes de Flandre, en qualité de hauts-avoués de Saint-Bavon, devaient veiller au maintien des priviléges de l'abbaye dans son domaine de Wattrelos. En regard de ces princes, nous mettrons les noms des abbés du monastère de Gand, qui, après saint Bavon, devinrent, au nom de leur communauté, d'abord propriétaires fonciers, ensuite seigneurs hauts-justiciers de tout le village, à l'exception toutefois, comme nous l'avons indiqué, des fiefs des Mazures, et de la Tannerie.

SOUVERAINS.

MÉROVINGIENS.

Rois d'Austrasie et de Neustrie.

Dagobert I, 622-638.
Sigebert II, 638-656 et Clovis II, 638-656.
Childebert, 656.

Clovis II, 656.
Clotaire III, 656-670 (Sainte Bathilde régente).
Childéric II, 670-673 et Thierry III, 670-691.
Pépin d'Héristal, maire du palais, 678-714.
Clovis III ✝ 695.
Childebert III ✝ 711.
Dagobert III ✝ 715.
Charles-Martel, maire du palais et duc des Francs, 714-741.
Chilpéric II, 715.
Clotaire IV, 717-719.
Thierry IV ✝ 737.
Carloman, 741-745 et Pépin-le-Bref, 741-752, ducs des Francs.
Childéric III, 742-752.

CARLOVINGIENS.

Pépin-le-Bref, roi des Francs, 752-768.
Charlemagne, roi, 768, empereur, 800-814.

SEIGNEURS.

Saint Bavon, comte de Hesbaie, mort à l'abbaye de Gand, l'an 654.

ABBÉS DU MONASTÈRE DE GAND OU DE SAINT-BAVON.

Le bienheureux Florbert.
Fulco + 663.
Wilfrid, 673-691.
Reinger, 691-704.

Albéric + 711.

Walrad + 728.

Hildebert + 752.

Egilfride, 754-762.
Robert, 762-771.
Werig, 771-780.
Eynold, 780-794.

SOUVERAINS.

Louis I, le Débonnaire, empereur ✝ 840.

Charles-le-Chauve, roi de France ✝ 877.

ROIS DE FRANCE.	COMTES DE FLANDRE.
Louis-le-Bègue ✝ 879.	Baudouin I, Bras-de-Fer ✝ 878.
Charles-le-Simple ✝ 936.	Baudouin II, le Chauve ✝ 918.
Raoul, 923.	
Louis d'Outremer, 936.	Arnould I, le Vieux ✝ 964.
Lothaire ✝ 934.	Baudouin III ✝ 961.
Louis V ✝ 987.	Arnould II, l'Enfant ✝ 988.

CAPÉTIENS.

Hugues Capet ✝ 996.	
Robert-le-Sage ✝ 1031.	Baudouin IV, le Barbu ✝ 1036.
ROIS DE FRANCE.	
Henri Ier ✝ 1060.	Baudouin V, de Lille ✝ 1067.
	Baudouin VI, de Mons ✝ 1070.
	Arnould III ✝ 1071.
	Robert, I, le Frison ✝ 1083.
Philippe Ier ✝ 1108.	Robert II, de Jérusalem ✝ 1111.
	Baudouin VII, à la Hache ✝ 1119.
	Charles-le-Bon ✝ 1127.

SEIGNEURS.

Wonebold, 794-809.
Briddo, 809-816.
Éginhard.
Tasrade, 852-867.

Rodulfe, 867-882.
Helya, 882-895.
Saint Gérard de Brogne, 940.
Womare, 947-982.
Wido, 982.

Odwin, 982-998.
Érembold, 998-1017.

Othelbold, 1019-1034.

Lidwin, 1034-1036.
Rumold, 1036-1038.
Folbert, 1039-1066.
Siger, 1066-1073.
Étienne d'Ecmund, 1073-1076
Wichman, 1076-1092.
Adelard, 1092-1099.
Wulfric, 1099-1131.

Éverdée Ier 1131-1151.

SOUVERAINS.

Louis-le-Gros ✝ 1137.

Louis VII, le Jeune ✝ 1180.

Philippe-Auguste ✝ 1223.
Louis VIII ✝ 1226.

Saint Louis IX ✝ 1270.
Philippe III, le Hardi ✝ 1285.

Guillaume Cliton ✝ 1128.
Thierry d'Alsace ✝ 1168.
Philippe d'Alsace ✝ 1191.
Marguerite d'Alsace ✝ 1194 et Baudouin VIII ✝ 1195.
Baudouin IX, de Constantinople ✝ 1204.

Jeanne de Constantinople ✝ 1244 et Ferrand de Portugal ✝ 1233.

Marguerite de Constantinople ✝ 1279 et Gui de Dampierre ✝ 1305.

La Flandre Wallonne est momentanément réunie à la couronne de France.

Philippe IV, le Bel ✝ 1314.

Jean Ier 1315.
Philippe V, le Long ✝ 1322.
Charles IV, le Bel ✝ 1328.
Philippe VI, de Valois ✝ 1350.
Jean-le-Bon ✝ 1360.

SEIGNEURS.

Betto, 1154-1177.
Guillaume, 1177-1187.
Henri I, 1187-1189.

Éverdée II, 1189-1206.

Baudouin I, 1206-1208.
Eustache, 1208-1212.
Henri II, 1212-1223.
Baudouin II Borluut, 1223-1251.

Théodore ou Thierry de Maldeghem, 1251-1262.

Jean, 1262-1295.
Wautier de Erdenborch, 1295-1306.

Henri de Visschere, 1306.
Wautier de Rodes, 1306-1311.
Nicolas de Jonghe, 1311-1320.
Gerelm, fils de Jean Borluut, 1320-1338.
Pierre d'Alvenges, moine de Saint-Bertin, 1341-1343.
Jean Van Der Moere, 1343-1349.
Baudouin III, Borluut, 1350-1352.

SOUVERAINS.

ROIS DE FRANCE.	COMTES DE FLANDRE, DUCS DE BOURGOGNE.
Charles V ✝ 1380.	Philippe-le-Hardi, duc de Bourgogne, obtient en 1368 la châtellenie de Lille; comte de Flandre en 1384 ✝ 1404.
Charles VI ✝ 1422.	Jean-Sans-Peur ✝ 1419.
Charles VII ✝ 1461.	Philippe-le-Bon ✝ 1467.
Louis XI ✝ 1483.	Charles-le-Téméraire ✝ 1477.
	Marie de Bourgogne ✝ 1482.
Charles VIII ✝ 1498.	Maximilien d'Autriche, 1482-1493.
Louis XII ✝ 1515.	Philippe-le-Beau ✝ 1506.
François Ier renonce à ses droits sur la Flandre au traité de Cambrai en 1529.	Charles V, vassal de la France jusqu'en 1529.

ROIS D'ESPAGNE, COMTES DE FLANDRE.

Charles V abdique en 1555 ✝ 1558.

Philippe II, jusqu'en 1598.

SEIGNEURS.

Jean III, Defayta, *alias* de Pitthem, nommé le 1er avril 1350 abbé commendataire, gouverne l'abbaye de 1350 à 1394.
Wauthier de Sanzelles, 1394-1405.

Georges Vander Zichele, 1405-1418.
Guillaume Van Bossuyt, 1418-1455.
Jacques Van Brucele, 1457-1470.
Jean Van Sycleers, 1470-1478.
Raphael de Mercatelle, évêque de Rosence, 1478-1507 + 1508.

Égide Boele, 1507-1517.
Liévin Hagenois, 1517-1535.

Luc Munich, abbé en 1535, abbé-prévôt en 1537 + 1562.

Viglius de Zuychem d'Aytta, prévôt du chapitre de Saint-Bavon + 1577.

SOUVERAINS.

SOUVERAINS DES PAYS-BAS.

Les archiducs Albert et Isabelle jusqu'en 1621.

ROIS D'ESPAGNE, COMTES DE FLANDRE.

Philippe IV + 1662.
Charles II, jusqu'en 1668.

ROI DE FRANCE.

Louis XIV, jusqu'en 1708.

ÉTATS GÉNÉRAUX DE HOLLANDE.
1708-1713.

ROIS DE FRANCE.

Louis XIV + 1715.

Louis XV + 1774.
Louis XVI + 1793.

SEIGNEURS.

ÉVÊQUES DE GAND.

Guillaume Lindanus, 1588-1588.
Pierre Damant, 1589-1609.
Charles Masius, 1610-1612.
François Vander Burch, 1613-1616.
Jacques Boonen, 1617-1621.

Antoine Triest, 1622-1657.
Charles Vanden Bosch, 1660-1665.
Eugène-Albert d'Allamont, 1666-1673.

François Van Hoornbeeck, 1677-1679.
Ignace-Augustin de Grobbendonck, 1679-1680.

Albert de Hornes, 1681-1694.

Philippe-Érard Vander Noot, 1694-1730.
Jean-Baptiste de Smet, 1732-1741.
Maximilien-Antoine Vander Noot, 1742-1770.
Govard-Gérard Van Eersel, 1772-1778.
Ferdinand-Marie, prince de Lobkowitz, 1779-1795.

HISTOIRE DE WATTRELOS

CHAPITRE I.

ANTIQUITÉ DE WATTRELOS. — ÉPOQUE ROMAINE.

Le nom de Wattrelos paraît flamand et pourrait faire croire que ce village a été occupé dès le principe par une colonie d'origine germanique. D'un autre côté, il est certain qu'au moyen-âge, on y parlait un des dialectes de la langue française, ce qui indique une ancienne population gallo-romaine, c'est-à-dire provenant des anciennes peuplades gauloises, mêlées à des colons romains, et en quelque sorte romanisées par la conquête.

D'après ces faibles données, il est loisible à qui le voudra de se perdre en conjectures sur l'origine des premiers colons qui vinrent cultiver ce coin de la Flandre. Faire remonter le nom de Wattrelos aux anciens Ménapiens ou aux anciens Nerviens, peuples d'origine germanique, ce serait attribuer à notre village une antiquité fort respectable. Dire que ce nom lui vient d'une colonie flamande refoulée ensuite par la population gallo-romaine, ce serait lui assigner une date beaucoup plus moderne.

Pour nous, tout en avouant que nous ne pouvons rien décider faute de quelque document précis, nous sommes portés à émettre la conjecture que les anciens habitants de Wattrelos étaient des gallo-romains comme tous ceux des environs de Tournai, lieux habités très-certainement à une époque fort ancienne. Quant au nom tudesque de ce village, si, comme nous allons le dire bientôt, Wattrelos appartenait au VIIe siècle à un noble de la race des Francs, nous sommes en droit de supposer que ce beau domaine a reçu son nom d'un de ses propriétaires ; et les Francs parlant un idiome germanique, rien d'étrange dans la forme flamande de ce nom.

Nous ferons d'ailleurs remarquer que des trois localités qui portent le même nom en Belgique, la plus considérable, le Waterloo de 1815, est occupée par une population parlant la langue française.

Le nom de Wattrelos ne nous permet donc, à vrai dire, de tirer aucune induction par rapport à l'antiquité de ce village. Il n'en est pas ainsi d'une de ses dépendances, qui portait dès le XIIIe siècle, le nom de *Tombes*. En effet, partout où l'on trouve des désignations de ce genre, on est en droit de soupçonner l'existence de quelques tombes ou romaines ou même gauloises. La conjecture prend plus de force quand, aux endroits ainsi désignés, se trouvent des tertres ou *tumuli*, et plus d'une fois des fouilles opérées avec intelligence dans de pareils lieux, ont amené au jour des objets d'une haute antiquité, et, par conséquent, d'un très grand prix au point de vue historique.[1]

---

[1] MM. Tarlier et Wouters dans leur hist. des communes belges, en citent de nombreux exemples.

Bien que le passage d'une route romaine par une localité ne prouve nullement que cette localité ait eu des habitants à l'époque romaine, il est néanmoins intéressant d'examiner si peut-être les chars des vainqueurs du monde n'ont pas parcouru jadis le territoire de la commune qui nous occupe. Disons d'abord que, d'après l'itinéraire d'Antonin et la table de Peutinger, une route romaine allait de Tournai, *Tornacum*, à Wervicq, *Viroviacum*. De Vervicq, la route se dirigeait vers Cassel, mais il existait, entre Cassel et Tournai, une autre route abrégée, *per compendium*, que les archéologues modernes font passer par Estaires, *Minariacum*.

Dans la statistique archéologique du département du Nord [1], la voie romaine est indiquée comme passant par Lannoy, Roubaix et Tourcoing.

La carte archéologique de Belgique, publiée par M. Vander Maelen, donne aussi le tracé de cette route de première classe, comme traversant Templeuve, Lannoy, Roubaix, Tourcoing, Roncq et Bousbecq.

Donc, en voulant la faire passer par Wattrelos, nous avons à combattre l'opinion des savants de la Belgique et de la France. Nous le ferons pourtant, uniquement dans l'intérêt de la vérité historique, et bien que notre opinion ne nous paraisse pouvoir être défendue que comme beaucoup plus probable et non comme absolument certaine [2].

---

[1] Bulletins de la comm. hist. du Nord, t. VI, p. 101.

[2] Nous ferons d'ailleurs remarquer que cette partie de la voie romaine a été peu ou point étudiée. On en jugera par ce que dit M. Roulez rendant compte d'un mémoire de M. Van der Rydt sur les voies romaines de la Belgique :

» L'auteur indique les courbes et les déviations qu'elle (la route)

Et d'abord l'inspection que nous avons faite du pays, sur les meilleures cartes [1], comme sur le terrain lui-même, nous a persuadé qu'il n'avait pu même venir dans la pensée des Romains de faire passer, contrairement à leurs habitudes, [2] une route de grande communication par la plaine basse et marécageuse qui s'étend entre Ramegnies-Chin, Templeuve, Willem et Blandain. Il était bien plus naturel qu'ils suivissent la côte élevée qui longe l'Escaut jusqu'à Pont-à-Chin, et se dirigeassent de là par le territoire de Bailleul vers Leers et Wattrelos. Ce qui confirme notre induction, et l'élève presque à la hauteur d'un fait, c'est que, jusqu'au commencement de ce siècle, on ne connaissait point d'autre route entre Tourcoing et Tournai que

présente, ainsi que les localités par où elle passe jusqu'à Tournai. Pour ce qui concerne son parcours ultérieur, il lui consacre seulement les quelques mots qui suivent : « De Tournai où se forme un » nouvel alignement tournant vers Vervick, il est à remarquer que » le système de tracé irrégulier commence à paraître pour s'étendre » ensuite jusqu'à l'Océan. » Ce laconisme est à regretter; car la direction de cette partie de la route ne nous est pas bien connue en détail, et nous manquons de renseignements sur son état actuel. » (Bullet. de l'Acad. Roy. XVI, 2e partie p, 486.)

Nous ne pensons pas qu'on puisse suivre l'ancien tracé de Tournai à Vervicq sur tout son parcours. Mais, si nous ne nous trompons pas, il subsiste encore à Wattrelos, depuis Grimonpont jusqu'à l'entrée de la partie centrale ; au centre même, depuis la nouvelle place jusqu'à la vieille en passant au pont de Wattrelos; interrompu à la vieille place, il se retrouve un peu plus loin et continue en ligne droite par le pont des Masures jusqu'au chemin de fer ; là il cesse de nouveau, mais se retrouve sur le territoire de Tourcoing, au lieu appelé jadis la Potence-Lambin où il se dirige par la Croix-Rouge vers le pont de Neuville.

[1] Par exemple les cartes de Ferraris, de Cassini, et de l'état major de France.

[2] Voyez Schayes, hist. de l'arch. en Belg. t. I, p. 24.

celle indiquée par nous. Rien n'est plus certain : or le même motif qui, depuis la construction toute récente des routes pavées entre Tourcoing, Roubaix, Lannoy, Templeuve et Tournai, fait qu'on suit habituellement cette direction, aurait dû la faire suivre dans les temps anciens, s'il s'y était trouvé une chaussée romaine. Mais on sait dans le pays qu'il n'y avait entre Tourcoing et Roubaix, comme aux environs de Tournai, que des chemins fort tortueux et assez peu praticables. Au contraire, la route qui passe par Wattrelos, a une direction presque constamment droite; et les quelques déviations ou interruptions qu'on y rencontre, s'expliquent par le croisement d'autres chemins, l'établissement de moulins ou autres causes de ce genre. Cette route, dont la largeur est celle des anciennes voies romaines, passe aussi non loin d'Esquelmies dont la vieille église porte toujours incrustés dans ses murs, des fragments très-reconnaissables de tuiles romaines, et à Bailleul où l'on a trouvé naguère dans le sol des substructions d'une grande antiquité[1]. Que si, jusqu'à présent, on n'y a pas encore retrouvé les anciennes couches de pierres, *strata*, telles que la main des ouvriers de l'ancienne Rome les y avait mises, nous dirons que mille causes ont pu amener ici comme ailleurs la destruction de ces couches, et que dans notre cas en particulier, la route abrégée de Cassel à Tournai par Estaires, a pu faire négliger l'entretien de celle qui desservait Vervicq. Du reste, nous avons suivi la continuation de nos deux routes de Tournai vers Escaupont, *pons ad Scaldim*, et Bavai, *Bagacum*, et nous avons pu constater que presque partout

[1] Souvenirs et légendes du Tournaisis, art. Bailleul.

les pierres anciennes avaient disparu, et que le sol s'était creusé bien plus bas que la place qu'elles occupaient. Dans un endroit seulement, sur la hauteur qui se trouve entre Warnaf et Saint-Maur, à 20 minutes de marche environ de la Croix Morlighem, nous avons retrouvé, à côté de la route aujourd'hui frayée, et sur un espace de cinquante pas environ, deux couches de pierres ayant ensemble à peu près un demi-mètre de hauteur. La première était formée de gros fragments de pierres calcaires du pays, assez régulièrement agencées; la seconde ressemblait parfaitement au macadam de nos jours [1]. Sur cette même route, dont l'existence est généralement admise, nous avons trouvé une interruption assez considérable, et pourtant dans cette contrée où la pierre abonde, l'entretien de pareilles voies était bien plus facile que de Leers à Vervicq, où la pierre fait complètement défaut.

Nous le répétons, le passage d'une route romaine par Wattrelos, ne prouve rien, absolument parlant, quant à l'existence de ce village à l'époque romaine; Wattrelos peut être beaucoup plus ancien, tout le pays s'étant trouvé occupé par des peuples nombreux à l'époque de César. Wattrelos peut être aussi beaucoup plus moderne. Toutefois, il est bon de remarquer que ce village se trouve précisément à mi-chemin entre Vervicq et Tournai : ce qui aurait pu amener l'établissement de quelques maisons pour le relai des voyageurs. De plus, la route y traverse

---

[1] C'est la disposition que nous avons observée pareillement dans les routes romaines du Luxembourg, où nous avons vu des ouvriers se servir de ces pierres concassées pour la réparation des routes modernes.

trois fois l'Espierre : de là la nécessité d'y établir des ponts dont l'entretien dût amener la présence habituelle de quelques ouvriers qui s'établirent dans le voisinage.[1]

Enfin, pour dernière remarque, nous signalerons au XIII⁰ siècle parmi plusieurs noms tudesques et romans, le nom de *quarovie*, qui semble indiquer la voie des chars, *carrorum via*.

Dans le chapitre suivant, nous verrons avec quel degré de probabilité l'on peut admettre que Wattrelos existait à l'état de *villa* au commencement du VII⁰ siècle.

---

[1] Nous trouvons dans le Journal de Bruxelles, du 23 octobre 1864, éd. du soir, la note suivante :

Une pièce d'or à l'effigie de l'empereur Néron a été trouvée, rapporte le *Propagateur de Lille*, il y a quelques jours, par un homme qui récoltait des pommes de terre près de Wattrelos. Cette pièce est encore bien conservée. On lit d'un côté : *Augustus Nero Cæsar*, et au revers on voit Jupiter assis sur un trône avec cette inscription : *Jupiter custos*.

CHAPITRE II.

SAINT BAVON ET LA VILLA DE WATTRELOS à L'ÉPOQUE FRANQUE.

Suivant l'opinion du savant jésuite Buzelin,[1] confirmée par Miræus,[2] Wattrelos faisait partie des possessions de saint Bavon qui vécut pendant la première moitié du VIIe siècle. Miræus l'affirme sans aucune hésitation ; Buzelin dit l'avoir ainsi appris, mais n'en donne d'autre garant que la tradition. Jacques Legroux rapporte que quelques-uns le prétendent, mais qu'il n'est pas aisé de le prouver. Nous allons voir que la tradition invoquée par Buzelin n'est nullement en contradiction avec les documents anciens, bien que l'on eût pu désirer une mention plus explicite du fait qu'elle énonce.

Il ne faut point chercher le nom de Wattrelos dans les

---

[1] Gallo-Flandria sacra et profana, Duaci, 1625, lib I, cap. 15, p. 79. Inter alia plurima quæ possidebat (Bavo) Waterloum, *ut accipio*, censebatur. Postquam... mundi pompis et deliciis valedixit, ei monasterio, quod Gandavi ejus opibus D. Amandus erexit, et postea Bavonici nomen obtinuit, tributum est Waterloum, uti fert traditio.

[2] Opera diplomatica. Lovanii, 1723, t. I, p. 350, not. 10. Waterlos, patrimonium S. Bavonis. — Ajoutez à ces autorités le P. Martin l'Hermite. (Hist. des saints de la province de Lille, p. 78), d'après lequel « St Amand fonda un prioré à Wattrelos qui était du patrimoine de saint Bavon et l'assujettit à l'abbaye de Gand. » Cette manière de parler ne paraît pas tout à fait exacte. Voir ce que nous dirons plus bas à ce sujet.

vies de saint Bavon, puisque l'on n'y fait nulle part l'énumération de ses richesses territoriales. On ne le trouve pas dans le premier document qui contient l'état des biens de l'abbaye de Gand, c'est-à-dire dans le diplôme[1] donné en 864, par Charles-le-Chauve, et daté de la résidence royale de Péteghem.[2] Mais rien ne prouve que l'empereur ait voulu, dans cette charte, donner la liste complète des possessions de l'abbaye. De plus, Charles-Martel, ayant enlevé aux monastères une grande partie de leurs domaines, et plus tard les Normands ayant exercé leurs déprédations par toute la Flandre, le couvent de Saint-Bavon pouvait se trouver dès lors dépouillé de son domaine de Wattrelos comme de plusieurs autres. Une remarque semblable doit être faite par rapport à un diplôme du roi Lothaire de l'an 967.[3]

Le premier document historique où se lise le nom de *Waterlos* est de l'an 1030 environ ; mais il y est parlé de cette villa comme ayant été *restituée* à l'abbaye par l'empereur Othon II, c'est-à-dire, dès l'an 982. Dès lors rien n'empêche de croire que cette terre n'ait été au nombre des possessions primitives du célèbre monastère de Gand ; rien ne nous autorise à rejeter la tradition qui nous la présente comme ayant fait partie du riche héritage de saint Bavon. Nous verrons plus loin que, conformément à notre opinion, un acte de Charles-le-Téméraire parle de Wattrelos comme appartenant à la fondation primitive de l'abbaye.

Revenons donc sur nos pas, et disons en peu de mots à

---

[1] Miræus I, 26.

[2] Villa située près d'Audenarde.

[3] Miræus I, 40.

nos lecteurs qui l'ignoreraient quel était ce premier propriétaire d'un bien qui devait pendant des siècles appartenir à l'église.

Alloyn, surnommé Bavon, était un des plus riches et des plus puissants seigneurs de la Hesbaie. Issu d'une des premières familles de la nation des Francs, il était même, au dire de certains historiens, parent de ces guerriers illustres que la providence destinait à relever l'honneur de la royauté francque, et à étendre, sous le glorieux règne de Charlemagne, sa domination sur l'Europe presque entière. [1]

Son père, disent les mêmes historiens, avait nom Agilulphe ; né, selon toute apparence, dans les premières années du VIIe siècle, il avait épousé la fille d'un noble comte nommé Adilion. Lui-même exerça dans sa patrie l'autorité de comte, c'est-à-dire, de gouverneur et de juge. Les richesses et les honneurs avaient été pour lui comme pour tant d'autres un piége et une occasion de chute. Livré tout entier aux plaisirs, il vivait dans l'oubli de Dieu, quand les suaves exhortations de sa vertueuse fille Adeltrude le firent rentrer en lui-même, et bientôt il ne songea plus qu'à réparer le mal qu'il avait fait.

La mort de son épouse l'ayant laissé libre de se donner tout entier au service de Dieu, il quitte sa patrie et se rend à Gand où un saint évêque missionnaire avait élevé quelques années auparavant un sanctuaire au vrai Dieu sur les ruines des temples des idoles, et s'occupait en ce moment

---

[1] La parenté de saint Bavon avec le bienheureux Pépin de Landen n'est pas pourtant d'une certitude complète. Voyez le *Acta SS. Belgii*, t. II, p. 486 et suiv.

à réparer les maux causés par une invasion des barbares du Nord. C'était en 651, sous le règne de saint Sigebert en Austrasie et de Clovis II en Neustrie.

Depuis longtemps le nom de saint Amand était célèbre dans toute la Gaule. Bavon se présente à lui et se met sous sa conduite. Bientôt il mérite de recevoir de ses mains la tonsure cléricale. Il se fait une gloire de seconder son zèle ; et, par l'abandon qu'il lui fait de tous ses biens, il lui procure le moyen d'élever au confluent de la Lys et de l'Escaut, un monastère qui contribua puissamment à répandre sur toute la contrée les bienfaits de la civilisation chrétienne. Ce fut dans ce pieux asile que Bavon se soumit au joug de la discipline régulière. Il mourut l'an 654, dans une étroite cellule où il s'était fait renfermer pour mieux pratiquer les œuvres de la pénitence.

Nous n'avons pas à faire l'histoire de l'abbaye dont Wattrelos était devenue une des possessions, sans nul doute, déjà des plus importantes ; mais nous devons dire ce qu'était à cette époque une *villa* telle que celle dont nous écrivons l'histoire.

« Le mot *villa*, dit Raepsaet, [1] signifie proprement une ferme, une cense, une métairie ; mais aucun de ces mots, dans le sens que l'on y attache aujourd'hui ne donne l'idée qu'on y attachait au moyen-âge : une *villa* d'alors consistait en une circonscription de propriétés rurales, jointes ou éparses, faisant corps et parties intégrantes ou dépendantes du manoir du propriétaire de toutes ces propriétés. L'ensemble de toutes ces propriétés s'appelait *villa* ; mais

---

[1] Œuv. compl. t. IV, p. 205.

le manoir du propriétaire, avec le cercle des propriétés qu'il exploitait lui-même par les ouvriers de la basse-cour de son manoir, s'appelait *villa dominicata* ou *indominicata*. »

A Wattrelos, dès le VIIe siècle, cette partie principale de la villa n'était plus exploitée par le propriétaire, possesseur de plusieurs domaines du même genre. « Les autres dépendances de la villa, continue Raepsaet, consistaient en *curtes et mansa*. La *curtis* consistait dans une espèce de *villa* subalterne composée d'une circonscription de terres trop éloignées pour être exploitées immédiatement par la *villa indominicata*; elles l'étaient par un préposé de celle-ci, pour compte du propriétaire de tout le domaine.

« Les petites métairies éparses et communément censitaires, exploitées pour compte des métayers, à la charge d'une redevance, avec ou sans terme, s'appelaient *mansa, mansum, casa, casæ*. »

Ainsi nous verrons plus tard le domaine de Wattrelos augmenté à une certaine époque de sept *mansa* [1]

« Lorsqu'un certain nombre de mansa ne se trouvaient point dans une même enceinte, mais cependant dans un même canton, on les appelait collectivement *manerium* et en français *hameau*, quelquefois aussi *villeta*, en français *villette* ou *villers*. »

Les noms des diverses dépendances de Wattrelos indiquent une organisation de ce genre. Aviler et Louvillers ont pu désigner des hameaux formés par la réunion de plusieurs métairies; Beaulieu et la Bourde sont les noms

---

[1] Le mansum à Wattrelos avait l'étendue de 12 bonniers.

de deux courtils ; Sperchin semble indiquer une cense : c'est la signification qu'on donne au mot *chin*. Peut-être même la première partie de ce nom n'est-elle qu'une altération du mot *spicarium*, qui devint en français *espier* et en flamand *spycker*. On désignait sous ce nom le dépôt général de toutes les provisions de la villa, et *Sperchin* signifierait dans ce cas *la ferme de l'Épier*.

Le présent fait par saint Bavon à l'abbaye de Gand était tout-à-fait convenable au genre de vie des religieux qu'il enrichissait ; car personne n'ignore que c'est aux moines de Saint-Benoît qu'une grande partie de l'Europe doit son défrichement. Il est à peu près hors de doute que dès le principe quelques moines de Gand vinrent de leurs mains consacrées par la religion, cultiver le sol confié à leurs soins, en même temps que par leurs exemples et leurs exhortations, ils aidaient au développement du christianisme dans la contrée, et par conséquent à sa véritable civilisation. Ce qui est certain, c'est qu'un prieur rural y résida longtemps, et, d'après l'usage des abbayes bénédictines, il ne devait pas s'y trouver sans compagnons.

Il est à croire aussi qu'on ne tarda pas à élever à Wattrelos une église pour les besoins religieux de la colonie agricole. D'après M. de Caumont[1] dans les prieurés ruraux l'église se trouvait bâtie près de la maison des religieux. Quoi qu'il en soit, les moines n'étaient alors à Wattrelos que ce qu'avait été saint Bavon et avant lui peut-être son père Agilulphe, c'est-à-dire de simples propriétaires. La souveraineté en appartenait aux rois francs ;

---

[1] Archit. civile et milit., pp. 50-52.

c'était au nom de ces derniers que les comtes, par eux-mêmes ou par leurs vicaires, et par les centeniers, y exerçaient la justice et châtiaient les délits. Les abbés avaient pourtant le droit de régler les différends domestiques et d'exercer sur leurs serfs ou leurs censitaires une certaine justice disciplinaire. Il leur appartenait d'y faire régner le bon ordre et d'y établir une police exacte, et un juge établi en leur nom y faisait valoir leur autorité toute paternelle.

Quant aux habitants, ils étaient pour la plupart ce qu'on appelait dans la langue du temps *servi*, serfs, ce qui est loin d'avoir la signification d'esclaves. Obligés, les uns à des services personnels, les autres à certaines redevances, ils ne pouvaient quitter à leur gré la terre où ils étaient nés et ne jouissaient pas d'une liberté entière. Mais le joug qui pesait sur eux était bien léger, et grâce à l'esprit de mansuétude des moines, ils ne tardèrent pas à obtenir sans cesse de nouveaux avantages.

Telle fut, ou à peu près, la situation de Wattrelos sous le premier abbé de Gand, le bienheureux Florbert, que saint Amand avait placé à la tête du nouveau monastère. Du reste l'histoire ne nous fournit aucun détail particulier concernant Wattrelos, ni sous Florbert ni sous un bon nombre de ses successeurs.

Sous l'abbé Wilfrid (673-691) eut lieu la canonisation de saint Bavon, faite par saint Eloi, évêque de Tournai au diocèse duquel Wattrelos appartenait aussi bien que l'abbaye de Gand qui ne tarda pas à prendre le nom de son bienfaiteur.

CHAPITRE III.

WATTRELOS RENDU A L'ABBAYE DE SAINT-BAVON.
LA SEIGNEURIE DE WATTRELOS.

L'abbé Hildebert[1] vivait sous Charles-Martel et prit contre ce prince le parti de Rainfroi qui voulait relever la dynastie mérovingienne. On sait d'ailleurs que Charles-Martel confisqua les biens d'un grand nombre d'abbayes. Nous ne pouvons donc affirmer que Wattrelos ne passa point à cette époque sous la domination de quelque chef franc qui en put faire exploiter les terres à son profit pour s'indemniser des pertes faites à la guerre.

Célèbre est le nom de l'abbé Eginhard ou Eynhard. Ce secrétaire de Charlemagne, qui transmit à la postérité le récit des hauts faits de son maître, obtint du grand empereur et de son fils, Louis-le-Débonnaire, une charte d'immunité civile pour son abbaye. Les deux souverains y défendaient aux comtes et à tous les juges publics d'aller rendre la justice sur les terres de l'abbaye, d'y imposer des amendes pécuniaires[2], d'y fixer leur demeure[3] d'y aller exiger des prestations en nature ou en numéraire, d'y prendre des ôtages, d'y saisir les hommes de l'abbaye libres ou serfs.

---

[1] Mort en 752.

[2] *Freda exigenda.* Voir sur la signification de ce mot les origines de l'anc. gouv. de la France par le comte de Buat. t. II, p. 183.

[3] *Mansiones faciendas*

Les exactions des juges royaux avaient forcé l'abbé à réclamer une pareille exemption : c'était un pas vers la seigneurie proprement dite.

Comme nous ignorons si Wattrelos appartenait à cette époque à l'abbaye de Saint-Bavon, nous ne pouvons affirmer que les diplômes impériaux y aient eu immédiatement leur application ; mais désormais il est acquis en droit que ce village ne relèvera plus d'une autre juridiction que celle de l'abbé, lequel pourra seul y exercer son autorité paternelle et sauvegarder les intérêts de ses colons.

Mais avant que ces droits s'y exercent pleinement, des temps désastreux s'écouleront pour l'abbaye comme pour toute la Flandre. C'est l'époque de l'invasion des Normands, et l'on sait qu'ils étendirent leurs ravages jusqu'à Tournai. La désolation régna donc à Wattrelos comme dans toute la contrée. L'abbé de Saint-Bavon, Tasrade (852-867), s'était retiré à Laon avec ses religieux. Une charte de Charles-le-Chauve qui, à cette époque, avait pris la tutelle des biens de l'abbaye, ne porte pas le nom de Wattrelos (864). Les abbés Radulfe (867-882) et Helya (882-895) moururent à Laon et les moines dispersés restèrent quarante-deux ans sans supérieur (937).

Saint Gérard de Brogne vint alors relever l'abbaye de ses ruines, de concert avec le comte Arnould, et le 1er octobre 940, après un exil de quatre-vingt-quatorze ans, les moines de Saint-Bavon rentrèrent processionnellement dans l'abbaye, portant les reliques de leur bienheureux patron. L'abbé Womare, nommé en 947, demanda au comte Arnould et au roi Lothaire que son abbaye fût réintégrée dans la possession des biens qu'elle avait eus jadis. Des démarches semblables faites auprès des empereurs Othon Ier et Othon II, furent couronnées d'un plein succès, et Wattrelos fut du nombre des propriétés rendues à l'abbaye. D'après les Bollandistes,[1] ce serait l'abbé Womare qui aurait obtenu d'Othon II cette réintégration générale. D'après l'abbé Othelbold, dans un document dont nous avons déjà parlé, ce serait l'abbé Odwin[2] successeur de Womare après Wido qui ne fit que passer sur le siége abbatial.

Quoi qu'il en soit, dès cette époque Wattrelos appartint en pleine et absolue propriété à l'abbaye gantoise. C'est ce qui conste d'une lettre adressée par l'abbé Othelbold (1019-1034), à la comtesse Otgive, épouse de Baudouin IV, pour lui faire connaître les reliques des saints déposées dans son abbaye et les possessions dont elle jouissait ou dont elle avait été dépouillée particulièrement à l'époque de l'invasion des Normands.

Dans ce document d'une importance majeure pour notre histoire, il est dit que l'abbé Odwin obtint de la clémence du pieux empereur Othon[3] le village de *Waterlos*, situé

---

[1] Acta S. S. Belgii t. II. p. 561.

[2] Il est possible qu'Odwin ait été employé par Womare en qualité de négociateur.

[3] Il y a lieu de s'étonner que l'empereur restitue à l'abbaye une terre située dans le royaume de France. Mais l'empire s'étendait dans le Hainaut et jusqu'à Tournai, et l'abbé Othelbold dit expressément que son prédécesseur obtint d'Othon la restitution des terres voisines de son empire ; on conçoit d'autant mieux qu'à cette époque d'anarchie, l'empereur ait pu exercer son autorité au-delà de la frontière, qu'il fit la guerre au roi Lothaire et porta ses armes jusqu'aux portes de Paris.

Nous avons aussi entendu émettre la conjecture que les terres

dans le *pagus* ou canton de Tournai et restitué au monastère avec son église et toutes ses dépendances : *In pago Tornacensi, Uillam Uuaterlos cum ecclesia et omnibus adjacenciis.* [1]

L'importance de cette propriété ne tarda pas à s'accroître vu que le comte Baudouin IV donna encore à l'abbaye sept mesures de terre situées à Wattrelos même : *In villa nostra Waterlos mensuras septem.* [2]

A partir de cette époque, tous les abbés doivent être regardés, vis-à-vis de Wattrelos, comme de véritables seigneurs temporels, tout aussi bien que Gaswalus de Tourcoing et Hugues de Roubaix, vis-à-vis des localités dont ils portaient le nom. En effet, la féodalité se trouve dès lors définitivement établie en France et en Allemagne, et il existe à Wattrelos une administration complète, régulièrement constituée.

Nous y trouvons un ou plusieurs religieux qui habitent une demeure construite à leur usage. Cette maison portera le nom soit de *cella*, qui indique une cellule, ou par extension un petit monastère, soit d'*obédience*, soit de *grangia*, grange, parce qu'on y renfermera le produit des redevances, soit enfin de prieuré, *prioratus*, parce que le

---

de la châtellenie, appelées *terres d'empire*, auraient en réalité dépendu des empereurs, mais comme biens patrimoniaux. Wattrelos, dans ce cas, eût été terre impériale comme ayant appartenu jadis à un membre de la famille des Carlovingiens, saint Bavon, parent du B. Pépin de Landen.

[1] Cartulaire de Saint-Bavon (imprimé), p. 18 ; Miræus, Opera diplom. t. I, p. 350 ; De Bast ; Vredius ; Bertholet.

[2] Ibid. p. 19.

moine chargé de l'administration des biens du village aura le titre de prieur rural.

Buzelin nous apprend qu'au commencement du XVIIe siècle, l'édifice du prieuré de Wattrelos subsistait encore ; mais alors, sauf le nom, on n'y trouvait plus rien de monastique.

De nos jours, s'il en reste quelque chose, ce ne peuvent être que deux piliers massifs, dont les lourds chapiteaux, de forme différente, accusent le style du XIe ou du XIIe siècle, et qui se trouvent engagés dans la maçonnerie à la porte de l'ancienne prison seigneuriale.

Outre le prieur, qui plus tard porta le titre de prévôt, il y avait à Wattrelos un officier laïc chargé du soin de l'agriculture, et qui portait le nom de *Major*, maïeur ou maire. C'était un personnage considérable, appartenant à une famille distinguée, et possédant pour l'ordinaire sa charge à titre de fief héréditaire. Le souvenir de cet officier féodal est resté dans la cense et fief de la mairie. Il sera fait mention du maïeur Tiard de Wattrelos dans le chapitre suivant.

L'administration de la justice se faisait par le tribunal des échevins, que l'on voit au XVe siècle présidé par le bailli. C'est devant ces juges que s'accomplissent les ventes et mutations d'immeubles. C'est à eux qu'il appartient de prononcer tant pour les causes civiles que pour les causes criminelles.

On ne se contente pas des *sessions judiciaires* accoutumées, dont la forme est réglée d'une manière précise ; on ouvre encore de temps en temps une enquête générale, suivie d'un plaid général ou *franche vérité*. Cette séance solennelle est présidée par le prieur ou le bailli. Tous les habitants doivent y assister, et l'on y porte, autant que possible, remède à tous les abus.

La seigneurie de Wattrelos n'obtint jamais de keure ou charte communale proprement dite. La coutume de Flandre y était généralement en vigueur. Il paraît pourtant qu'on y observait des usages spéciaux et qu'on y suivait un mode particulier de procédure devant l'autorité judiciaire [1]. Il se trouve même un auteur [2] d'après lequel il y aurait eu à Wattrelos « une coutume particulière ayant rapport à celle de Courtrai. »

Quant à ce qui regarde l'état des personnes dans cette seigneurie, on devait y trouver, comme dans toutes les autres, premièrement, des personnes de condition libre, telles que les nobles, les clercs, les familles notables, les commerçants et les fabricants ; secondement, des personnes en servage, parmi lesquelles on distinguait les serfs qui ne pouvaient acquérir que des biens meubles, et les tributaires qui jouissaient de quelques libertés, à la charge de payer un cens annuel nommé cavegier, et un autre à leur mariage et à leur décès ; troisièmement, des tenanciers, parmi lesquels se trouvaient les serviteurs de l'abbaye et les vassaux, appelés aussi tenanciers féodaux, sujets, hostes ou manans. Ils étaient soumis à certaines corvées et à certaines redevances, et devaient porter les armes pour la défense du pays et du seigneur.

[1] Histoire de S.-B. 1re p., p. 77.
[2] Manuscrit 14 de la bibliothèque des archives du département du Nord.

CHAPITRE IV.

LAMBERT DE WATTRELOS ET SA GÉNÉALOGIE OU UNE FAMILLE NOBLE DE WATTRELOS AU XIIᵉ SIÈCLE.

Parmi les documents propres à faire connaître l'état des personnes au XIIᵉ siècle dans nos contrées, il en est un qui nous a paru fort intéressant et que pour ce motif nous allons analyser d'une manière un peu étendue : c'est la généalogie de Lambert de Wattrelos, chanoine régulier de Saint-Aubert à Cambrai, insérée par lui dans ses annales de Cambrai [1]. Si l'on trouve que c'est une digression par rapport à Wattrelos, on voudra bien nous la pardonner à cause des renseignements utiles qu'elle renferme.

La famille de l'historien Lambert de Wattrelos tirait son nom du village de Wattrelos, et les noms mêmes des divers parents de Lambert méritent d'être cités, parce qu'ils indiquent, pour la plupart du moins, une origine franque. C'étaient sans doute les descendants de quelque seigneur puissant de la cour des Mérovingiens ou des Carlovingiens, qui était venu s'établir à Wattrelos, y possédait des terres allodiales et y occupait un rang peu éloigné de celui qu'avaient ailleurs les seigneurs mêmes des villages.

A la fin du XIᵉ siècle, un certain Evrard de Wattrelos semble avoir été placé dans une position tellement élevée,

---

[1] Monum. Germaniæ, Script. t. XII. p. 511.

qu'on devait se trouver honoré d'appartenir à sa famille et que ses fils pouvaient prétendre aux alliances les plus nobles. Il avait eu de son épouse Disdelde trois fils : Elbodon, Balduin et un autre. Elbodon, son aîné, épousa la sœur de Gossuin d'Avesnes, tante de Galter-Puluchet [1].

L'aïeul paternel de Lambert de Wattrelos était uni par des liens de parenté à cet Evrard [2]. Ingebrand était son nom et il avait rang de chevalier, *miles*. Il épousa Havide de Néchin, d'une des familles les plus distinguées de ce village, et qui lui apporta en mariage de riches possessions; ce qui fit sans doute qu'il quitta Wattrelos pour aller résider à Néchin même. Il y devint père de quatre fils et d'une fille. Cette dernière mourut sans avoir été mariée ; mais ses frères firent d'illustres mariages. Ingelbrand, l'aîné, trouva une épouse à Tournai ; mais il mourut avant son père, qui recueillit toute sa succession. Oghot, le second, épousa Gisla, sœur de Rabodon de Dossemer, et eut pour fils Evrard, chevalier, homme fameux par sa vaillance et ses forces corporelles, *vir potens armis et viribus*. Gummare, le troisième, s'unit à Mersende, sœur de Gummare de Saméon, nièce du châtelain de Tournai, l'un des plus

---

[1] Gossuin d'Oisy, châtelain de Cambrai, pair du comté de Hainaut et sire d'Avesnes, fortifia Avesnes et fut, pour ce sujet, fait prisonnier par le comte Baudouin de Hainaut. Il eut pour successeur son neveu, surnommé Plukelle ou Puluchet, qui persécuta les moines de Liessies, se réconcilia avec eux à la prière de saint Bernard, mais les persécuta de nouveau et tomba frappé d'apoplexie, à Mons, l'an 1147, au moment où l'on allait prononcer contre lui une sentence défavorable. (Chron. Balduin. Avenn. p. 31. Rec. des hist. de Fr. t. XIII. p. 401-560.)

[2] *Cognatus*, dit Lambert : ce qui, d'après Ducange, peut signifier une simple affinité.

puissants seigneurs de la contrée. Le plus jeune, Alulf, épousa Gisla, fille de Radulfe de Wattrelos. Il parvint à une extrême vieillesse, après avoir eu de son mariage six fils et quatre filles. L'aîné des fils, Balduin, déjà marié, périt sur le champ de bataille devant la ville de Soissons [1]. Une autre fils devint l'historien de l'évêché de Cambrai : c'est notre Lambert de Wattrelos, né à Néchin et dont l'illustration rejaillit surtout sur ce dernier village. Parmi ses sœurs, il en est une, Ogine, morte le 15 novembre 1168, dont il a célébré la mémoire en disant qu'elle usait de ses richesses pour subvenir largement aux besoins des pauvres, et qu'elle fut la mère des orphelins et le soutien des veuves.

Il nous reste à nommer les ascendants de Lambert du côté maternel. Radulfe, son aïeul, était du même sang que cet Evrard dont nous avons parlé [2] ; parent par conséquent de l'aïeul paternel de Lambert, mais sans doute à un degré assez éloigné et qui pût permettre l'union de leurs petits-enfants. Ce Radulfe avait de nombreux frères. En un seul jour, dix d'entre eux périrent sous les coups de leurs ennemis, dans une bataille, et le souvenir de leur triste sort fut transmis à la postérité dans des vers élégiaques qu'on chantait encore dans le pays du temps de Lambert. Radulfe avait aussi plusieurs sœurs qui se marièrent dans le Mélanthois où elles laissèrent une nombreuse postérité.

[1] Dans la confirmation que Gérard, évêque de Tournai (1149-1166) fit de plusieurs donations en faveur de l'abbaye de Loos, se trouve une terre que l'abbaye avait reçue d'Albert de Nigelle et de sa sœur Damitte, et que ceux-ci tenaient de Baudouin de Waterlos et de Baudouin de Vichte.

[2] *Consanguineus.*

Pour lui, il trouva à Menin sur la Lys, une épouse noble et riche comme lui : Resende tirait son origine, dit Lambert, du sang élevé des nobles de la Flandre. Elle avait onze frères, et quatre d'entre eux eurent l'emploi de châtelain du temps du comte Robert de Jérusalém. De cette famille si nombreuse, étaient issus plusieurs personnages illustres dans l'église comme dans la milice séculière. Tels furent Lambert, abbé de Saint-Bertin, sa sœur Gisla, abbesse de Bourbourg, son neveu Lambert, abbé de Lobbes [1], Ricuard, porte-étendard du rival infortuné de Thierry d'Alsace, Guillaume-le-Normand, comte de Flandre; tels furent aussi les chevaliers fameux de Lamprenesse, et les anciens de Furnes et toute une longue série de nobles hommes.

La lignée de Resende elle-même ne fut pas moins illustre. Elle donna à Radulfe quatre fils et trois filles. Deux des fils furent chevaliers. Tiard, l'aîné, resta dans la terre qui avait donné son nom à sa famille; il fut maïeur de Wattrelos. Il obtint la main d'une fille d'honorable condition nommée Emma, d'où sont issus des chevaliers et des clercs.

Lambert alla chercher fortune à l'étranger, et se transporta avec plusieurs de ses compagnons en Angleterre, auprès du roi Henri, qui les reçut avec honneur. Le bon roi lui donna pour sa part des possessions en Normandie; mais dans une bataille qui eut lieu entre le monarque an-

---

[1] Ces deux abbés, du nom de Lambert, furent des hommes d'un grand mérite et d'une éminente sainteté (voir le *Gallia christiana*, t. III, col. 495 et col. 86). Mais le nom de Gisla ne se trouve pas dans le catalogue des abbesses de Bourbourg.

glais et le comte Balduin de Flandre, il reçut une blessure, se réfugia dans une église et mourut bientôt. Son neveu Balduin, frère de l'annaliste de Cambrai, fut témoin de son triste sort. Le quatrième fils, Evrard, mourut, jeune encore, d'une chute de cheval. Plus heureux fut Richard, homme de bonne mémoire, qui, renonçant aux affaires du siècle, se retira au monastère du Mont-Saint-Eloi, où il exerça avec honneur la charge d'abbé et où reposa sa dépouille mortelle. Des trois filles de Resende de Menin, l'aînée, Godelide, fut mère de Lambert et de Gummare, tous deux religieux du couvent de Watten ; la seconde, Disdelde, eut pour fils Radulphe, homme plein de douceur et de piété, qui fut le second successeur de son oncle, Ricuard, dans le gouvernement de l'abbaye du Mont-Saint-Eloi. Nous avons déjà nommé Gisla, la mère de Lambert de Wattrelos, qui, grâce au même oncle Ricuard, fut reçu en qualité de chanoine régulier à l'abbaye de Saint-Aubert, à Cambrai.

Le tableau que ce bon chanoine nous a laissé de sa famille, montre fort bien quel était l'état des personnes du premier rang au sein de ces seigneuries, où certains historiens semblent ne trouver que des esclaves. Il nous fait voir le nom de Wattrelos noblement porté par une foule de clercs et de guerriers illustres. Mais nous avons réservé un détail qui a rapport aux hommes de la condition la plus basse à cette époque, les serfs ou esclaves. Lambert nous apprend que son aïeule maternelle, Resende de Menin, apporta avec elle en mariage des esclaves des deux sexes, *servos et ancillas*. Sur quoi il fait cette réflexion fort chrétienne que personne ne doit être appelé esclave, *servus*, si ce n'est celui qui commet le péché, suivant cette parole du Seigneur : Celui qui commet le péché est l'esclave du péché [1].

Il nous semble qu'on peut inférer légitimement de ce passage, premièrement que l'esclavage, ou la servitude personnelle, n'était pas encore complètement aboli dans toute l'étendue de la Flandre ; secondement, qu'il n'existait plus dans la châtellenie de Lille, et que même le servage, ou la condition des serfs attachés à la glèbe, y était tellement adouci, qu'on s'était habitué à considérer les serfs comme des hommes libres ; et de fait, là surtout où le droit de morte main et de meilleur catel n'existait pas, la condition des tenanciers féodaux était meilleure que celle des paysans de nos jours occupant des terres à titre de cens ou de redevances annuelles [2].

Après tout ce que nous avons dit de la famille de Wattrelos, d'après l'historien Lambert, nous nous croyons

---

[1] Joan VIII, 34.

[2] Nous pouvons confirmer notre seconde assertion par ce que nous connaissons des deux principales seigneuries limitrophes de Wattrelos. A Roubaix, en 1388, le mot de servage existait encore ; mais comme l'a fort bien prouvé le savant auteur de l'histoire de Roubaix, la chose n'existait plus, et le nombre de ces serfs improprement dits, était fort restreint (Histoire des Seigneurs de Roubaix, par M. Leuridan, p. 235 et suiv.). Longtemps auparavant le servage était aboli à Tourcoing, si toutefois il y a jamais existé ; car en 1294, le Seigneur de Tourcoing appelle les habitants de sa seigneurie, *nos bonnes gents de Tourcoing*, ce qui rappelle l'expression *nos bonnes villes* qu'emploient les souverains pour les principales communes de France. En outre le Seigneur n'y percevait depuis longtemps autre chose que des redevances annuelles et un certain droit pour les mutations d'immeubles (Guillaume Ier de Mortagne, par l'auteur de cette histoire. Extrait du t. III de la revue d'hist. et d'arch. Bruxelles, 1861, p. 27).

permis d'anticiper pour la montrer encore existante au lieu de son origine, un siècle plus tard. Nous trouvons en effet, en 1232 (7 juin), une Agnès de Wattrelos, dont la fille Aèle avait épousé Jean de la Suis. Ce dernier avait été feudataire de l'abbaye pour sept bonniers de terre et le *terragium* d'à-peu-près trois bonniers, situés à Wattrelos. Mais il venait de les vendre au prix de 20 livres de Flandre par bonnier pour les premiers, et de 8 livres pour les seconds, et le doyen de la chrétienté à Helchin avait dressé une attestation tant de la vente que de la renonciation faite par Agnès et Aèle des droits qu'elles auraient pu exercer sur ces biens du chef de la dot de la dernière (1).

(1) A la suite de ce chapitre consacré tout entier à la généalogie de Lambert de Wattrelos, on nous saura gré de donner en tableau cette même généalogie.

I. Aïeuls paternels.

Ingebrandus de Watterlos, miles. | **Havidis de Nethim, de majoribus secundum sæculi dignitatem totius loci.**

1. **Ingelbrandus** primogenitus Tornaci maritatus, ante patris obitum defunctus.
2. **Ochot,** duxit uxorem Gislam sororem Radobonis de Dossemer.
3. **Gummarus** accepit uxorem Mersendem germanam Gummari de Samium, neptem castellani Tornacensis.
4. **Alulfus** omnium ultimus cujus uxor Gisla. Habuit 6 filios et 4 filias.

N. Filia innupta.

Gisla filia Radulfi de Watterlos.

Balduinus primogenitus occisus in militari cie ante Suessionum urbem.

Lambertus canonicus sancti Autberti, scripsit annales Cameracenses, natus anno 1108, presbyter consecratus anno 1139, morbo gravi correptus annis 1169 et 1170.

Ogina soror germana Lamberti obiit 15. Nov. 1168.

II. Aïeuls maternels.

Radulfus de Watterlos, vir ditissimus, habuit multos fratres è quibus 10 in una die in pugna prostrati, habuit et sorores maritatas in pago Melentensi ex quibus plures procreati. | **Resendis de Menim supra Legiam,** ex nobili sanguine Flandrensium, habuit 11 fratres è quibus 4 castellani.

Tiardus primogenitus, majorde Watterlos, duxit Emmam ex qua milites et clerici.

Lambertus ivit in Angliam, occisus in prælio in Normannia.

Ricuardus clericus, abbas montis S^{ti} Eligii.

Ewrardus periit junior de equo prosiliens.

Godelidis. Lambertus.

Gumarus.

Disdeldis. Radulfus abbas montis S^{ti} Eligii.

Gisla uxor Alulfi.

Lambertus.

III. Parent illustre.

Ewrardus de Watterlos, cujus fuit cognatus Ingebrandus et consanguineus Radulfus. | **Disdeldis.**

Elbodo primogenitus duxit sororem Gossuini de Avesnes, materteram Galteri Puluchet.

Balduinus.

Tertius cujus nomen non occurrit.

CHAPITRE V.

LA CURE DE WATTRELOS ET SON PATRONAT.

La présence de moines bénédictins à Wattrelos n'empêchait pas qu'il ne s'y trouvât un prêtre ou curé pour desservir l'église paroissiale et administrer les sacrements aux fidèles. Ce prêtre était nommé directement par l'évêque de Tournai et recevait de lui tous ses pouvoirs. On comprend qu'il était d'un grand intérêt pour l'abbaye d'intervenir dans la nomination de ce personnage. Déjà la communauté de Saint-Bavon avait obtenu de Baldéric et de Lambert, évêques de Tournai, et du bienheureux Odon, évêque de Cambrai, le droit de patronage dans plusieurs paroisses. L'abbé Wulfric (1099-1131) songea à obtenir pour Wattrelos le même privilége. Il s'adressa à cet effet à Simon de Vermandois qui venait d'être chargé du gouvernement des églises réunies de Tournai et de Noyon.

Ce fut le jour même de sa consécration épiscopale à Reims, l'an de l'incarnation du Seigneur, 1123, indiction première, sous le règne du roi Louis, Charles ayant le gouvernement de la marche de Flandre [1], que l'évêque Simon adressa « au vénérable abbé de Saint-Bavon, Wulveric, et à

---

[1] *Karolo Flandrensium marchiam gubernante.* On pourrait traduire la marche des Flamands, c'est-à-dire, le territoire situé aux frontières du royaume de France et habité par les Flamands.

ses successeurs à perpétuité, » la charte qui leur accordait le privilège désiré [1].

« Considérant, y est-il dit, la charité et le zèle louable pour la religion qui règne dans votre couvent, nous vous concédons à vous et à votre église, pour l'usage de vos frères, l'autel de Wattrelos, pour être tenu par vous à l'avenir dans une perpétuelle liberté, et nous confirmons cet octroi par l'assentiment de notre archidiacre Robert et de nos clercs, témoins appelés à signer la présente page. »

Cette concession donnait à l'abbé et aux moines de St-Bavon le droit de recueillir toutes les dîmes allouées à l'entretien de l'autel et du prêtre qui le desservait; elle leur permettait en outre de nommer un prêtre à leur choix pour administrer spirituellement la paroisse. Devenus ainsi les décimateurs du lieu, les religieux contractaient par le fait même l'obligation de fournir à la subsistance du curé, à l'entretien de l'église et des objets nécessaires au culte. La charte épiscopale leur prescrit en outre de payer chaque année, suivant la coutume ancienne, à l'évêque de Tournai et à l'archidiacre, ou aux ministres de ces dignitaires, les droits pontificaux et synodaux, et de leur témoigner le respect qui leur est dû.

De plus, il y est statué que si le prêtre nommé en vertu du droit de patronat, se trouve apte à ses fonctions, il recevra la cure des mains de l'archidiacre ou du doyen.

La charte portait les seings de l'évêque, de l'archidiacre, de l'abbé de Saint-Amand, Walter, de l'abbé de Saint-Pierre,

---

[1] Cartulaire de Saint-Bavon (imprimé), p. 30. — Miraeus, oper. diplom. t. IV, p. 357. — Jean de Thielrode, chron. S. Bav., p. 22.

Arnould, d'Albéric maître, d'Odon Buffoit, d'Hugues de Roia et des doyens Himrod et Bernard.

L'abbé Betto, successeur médiat de Wulfric après Everdée I, obtint vers l'an 1155 de l'évêque de Tournai, Ghérald, la confirmation du privilége accordé par l'évêque Simon. Cette charte est signée par l'évêque, le doyen, deux archidiacres, l'abbé de Saint-Amand, les prévôts de Tournai et d'Harlebeck, le chancelier, trois prêtres et sept chanoines. Elle nous apprend que, depuis l'époque de la première concession, l'abbé de Saint-Bavon s'est présenté au synode de Tournai en qualité de *personne*, c'est-à-dire, de curé primitif, sans contradiction ou réclamation quelconque [1].

Le même abbé Betto obtint en 1156 une confirmation d'une plus grande valeur; car le pape Adrien IV lui accorda une bulle qui maintenait l'abbaye dans la possession canonique de vingt-quatre autels; celui de *Waterlos* y figure au premier rang [2]. En 1170, une bulle semblable, émanée du pape Alexandre III, libérait toutes les terres qui dépendaient de l'église de Wattrelos, du paiement des dîmes à des étrangers [3].

Cependant le patronage de la cure de Wattrelos ne devait pas être sans désagrément pour l'abbaye. En effet, une charte de l'an 1177, donnée par l'évêque de Tournai, Evrard, nous apprend que le curé de Wattrelos, qui se nommait

---

[1] Cartul. de St-Bavon (impr.), p. 42.

[2] Cartul. de St-Bav. (imp.), p. 43. Miraeus, t. IV, p. 21.

[3] Altare de Watrelos et domum cum pertinentiis suis, et terris ab omni decimarum prestatione libera (Cart. de St-Bavon (imp.), p. 56).

Alulfe, avait eu des dissensions avec l'abbaye au sujet de la cure, et avait fini par mener une conduite assez mauvaise pour mériter le titre d'apostat. Ce terme, pris dans le sens canonique du mot, ferait supposer qu'il avait abandonné la tonsure et l'habit clérical et mené la vie d'un homme du monde. Du moins le prélat affirme qu'il avait vexé l'abbaye de bien des manières et l'avait attaquée d'une façon presque intolérable. Aussi ses déportements avaient causé à l'abbaye des dépenses et des dommages très considérables. L'évêque s'était donc trouvé forcé de destituer le malheureux prêtre; après quoi, il avait remis la cure entre les mains de l'abbaye, et avait autorisé l'abbé de Saint-Bavon et le moine ou prieur de Wattrelos, à nommer, après avoir pris conseil du prélat, un nouveau titulaire qui devait prendre son logement avec le moine dans « la maison de St-Bavon » et y recevoir la nourriture et le vêtement convenable [1]. En même temps, l'abbaye était en droit de percevoir les dîmes et les oblations de la cure aussi longtemps qu'elle n'aurait pas été indemnisée des pertes que la conduite d'Alulfe lui avait causées.

Dans la suite, Guillaume, archevêque de Reims, au tribunal duquel on pouvait appeler des sentences de l'évêque de Tournai, son suffragant, parvint à aplanir les difficultés qui avaient été cause de la conduite de ce curé, et celui-ci donna son assentiment à l'arrangement arrêté par le prélat, à condition que l'abbaye lui assurât une pension de dix sols esterlings par an, à prendre sur les moyens de

---

[1] Qui cum monacho in domo sancti Bavonis victum et vestitum percipiet medie estimationis.

l'église de Wattrelos, et qu'il fût vêtu et nourri dans la maison des hôtes, *in hospitali domo*[1].

Cette dernière expression a fait croire à l'historien de l'abbaye de Saint-Bavon que déjà à cette époque, Wattrelos était doté d'un hospice. Disons pourtant que nulle part ailleurs nous n'avons trouvé la mention d'un pareil établissement, avant celui qui fut fondé au XVIIIe siècle, et peut-être s'agit-il seulement de la maison où les quelques moines du prieuré rural de Wattrelos exerçaient l'hospitalité à l'instar de ce qui se passait dans toutes les grandes abbayes bénédictines.

[1] Cart. de St-Bavon, p. 61 et 62. Histoire de St-Bavon, 1re p. pag. 78; 2e p. pag. 8. Nous ne savons pour quel motif l'historien de Saint-Bavon énonce la conjecture que le curé de Wattrelos aurait renoncé à ses fonctions par suite des procédés de l'abbaye qui ne lui aurait laissé que des revenus trop minimes.

CHAPITRE VI.

ACCROISSEMENT DU POUVOIR SEIGNEURIAL.

L'incertitude qui règne à l'égard des années de prélature des abbés Henri I et Everdée II, ne nous permet pas de préciser d'une manière absolue sous lequel de ces deux prélats fut délivré un acte important au sujet de la seigneurie de Wattrelos. Ce que nous savons, c'est que l'an 1190, le comte de Flandre, Philippe d'Alsace, sur le point de partir pour la croisade, songea, d'après ses propres expressions, à assurer la paix de l'église de Saint-Bavon. En conséquence, il lui accorda à perpétuité, la possession de la villa de *Waterlos* avec tout ce qui appartenait à la cour, *curia*, dudit lieu, et voulut que l'abbaye y jouit de la liberté et de la tranquillité dont elle y avait joui depuis les temps les plus reculés. L'abbé de Saint-Bavon, par lui ou par son prévôt, y avait seul autorité, et personne aucune ne devait ni *ne pouvait* y exercer une domination ou un pouvoir quelconque; seul le comte avait droit d'y intervenir en sa qualité de souverain-avoué de la cour comme de toute l'abbaye [1].

Ce privilége important, qui assurait au seigneur de Wattrelos l'exercice de la haute et de la basse justice, fut con-

---

[1] Cart. de St.-Bavon, p. 69. Hist. de St.-Bavon, 1er p., p. 84, 204; 2e p. p. 10.

firmé le 16 juin 1216, par une bulle du pape Honoriuc III, et au mois d'août 1220 par une charte de la comtesse Jeanne, le tout grâce à la sollicitude de l'abbé Henri II [1].

Nous verrons bientôt que ces confirmations n'étaient pas inutiles et que les droits de l'abbaye seront plus d'une fois contestés, mais en attendant, elles furent d'une grande utilité pour les abbés de Saint-Bavon, qui ne tardèrent pas à en profiter pour faire de nouvelles acquisitions à Wattrelos et dans les localités voisines.

Avant de les énumérer, mentionnons un procès que l'abbaye eut à soutenir au commencement du XIIIe siècle, contre Eustache des Masures, *de Masuris*, et ses fils, au sujet d'une terre qui relevait de l'église. Trois chanoines de Tournai, à ce députés par le légat du Saint-Siège, décidèrent la querelle en faveur de l'abbaye [2]. S'agit-il là de la terre même des Masures? nous ne pouvons rien affirmer. Toujours est-il que ce texte fait supposer que le fief des Masures existait dès lors, et nous savons que plus tard il ressortissait, non de la seigneurie de Wattrelos, mais directement de la salle de Lille.

Nous ne pouvons non plus passer sous silence les débats qu'Arnoul de Landas et ses enfants eurent au sujet de *Fratrelos* avec les comtes de Flandre. Le premier janvier 1224 (v. St.), dans une convention conclue avec la comtesse Jeanne [3], ce seigneur renonça à toutes les prétentions qu'il pouvait avoir sur cette terre, s'en remettant à l'arbitrage

---

[1] Hist. de St.-Bavon, 2e p., p. 16.

[2] Cartul. de St-Bavon.

[3] Archiv. du dép. du Nord, orig. — Hist. de Jeanne de Const., par Edw. Le Glay, p. 167.

d'Arnoul d'Audenarde, de Raoul de Mortagne et de Jean de Cysoing. Philippe de l'Espinoy[1] parle d'une semblable renonciation de l'an 1231 faite moyennant une somme de six cents livres accordée par le comte à Arnoul. Bien que ces actes soient difficiles à expliquer, nous croyons, avec l'Espinoy comme avec les Godefroy, qu'il peut s'agir ici en réalité de Wattrelos. Les sires de Landas, qui se trouvaient au premier rang de la noblesse du Tournaisis, ont pu affecter des prétentions sur une terre anciennement marquée comme ayant fait partie de cette province, et nous verrons les comtes de Flandre revendiquer un moment sur Wattrelos des droits plus particuliers que ceux qui leur appartenaient en qualité de hauts-avoués de l'abbaye de Saint-Bavon.

Nous avons maintenant à citer avec éloge le nom de l'abbé Baudouin II, fils de Baudouin Borluut, qui s'occupa tout spécialement du domaine de Wattrelos et ne contribua pas peu à le mettre dans un état florissant[2].

Dès l'an 1226, il y fait plusieurs achats ou échanges suivant la loi et la coutume des échevins de Wattrelos et de ses hommes de fief. Baudouin de Trameries, chevalier, Walter Ploket, Jean de la Sus, Egide des Kennes, lui vendent des terres au prix de neuf ou dix marcs, monnaie de Flandre, pour chaque bonnier. Jean de Mairie lui cède la dîme de sa terre, Baudouin de Trameries lui vend pour dix livres de Flandre le privilège qu'il avait d'en recevoir, comme de son seigneur, une pelisse, *pellicium*, et des bottes, *botas*.

---

[1] Recueil de la noblesse de Flandre, p. 144.
[2] Cart. de St.-Bavon p. 212-215.

En 1229, l'abbé concède à Simon del Hornuire, un fief situé au hameau de Hongi. Les six années suivantes (1230-1235), de même que les années 1238 et 1239, sont marquées par des acquisitions du même genre. Les mêmes personnages y figurent, à l'exception de Walter Ploket; mais on y voit apparaître de surplus un Jean de Columbario, un Egide et un Guillaume de Carnoit. Tels sont les noms des familles les plus considérables de la seigneurie. Il en est une autre plus marquante encore, celle de Langleie, dont une partie paraît avoir habité Roubaix [1].

Dès 1230, l'abbé achète à Jean de Langleie, pour lors échevin de Wattrelos, neuf bonniers de la terre *del Wastine*, située entre *le Nhoe* et *les Tombes*, et un cens de douze deniers qu'il retirait d'un bonnier adjacent.

Deux ans plus tard, les rapports entre l'abbaye et la famille de Langleie changent de nature. Des désordres éclatent à Wattrelos; des hommes de l'abbaye y commettent des forfaits, *forisfacta*. Ces forfaits, quels sont-ils? Nous l'ignorons [2]. Ce que nous savons, c'est que l'abbé Baudouin, ayant prié Arnoul, seigneur d'Audenarde, grand bailli de Flandre, de présider, à la tête des hommes de fief de l'abbaye, une franche vérité tenue à Wattrelos, Morand de

---

[1] Du moins l'on trouve dans le terrier de l'an 1231, un Bernard del Langleie, de Robbais, qui devait à l'abbaye le service d'un bonnier de terre au hameau del Hornuire.

[2] M. Van Lokeren croit qu'il s'agit de la destruction de la maison d'Olivier le Ariveit dont nous parlerons plus bas. Ce qui nous empêche d'admettre cette opinion, c'est que l'acte daté de l'an 1234, le jeudi après la quinquagésime, et qui par conséquent doit être rapporté à l'an 1235, l'année commençant à Pâques, dit que cette destruction avait eu lieu récemment, *nuper*, ce qui ne semble point pouvoir se dire d'un fait arrivé avant le mois de septembre 1232.

Langleie et ses deux fils Hugues et Alard, y furent l'objet de graves accusations. En conséquence, l'abbé fit saisir Hugues et le retint un certain temps à Gand dans sa prison seigneuriale. Un peu plus tard, Morand alla trouver l'abbé et lui fournit des cautions, s'engageant à comparaître, lui et ses deux fils, au jour qu'il plairait à l'abbé d'assigner pour entendre la sentence qui serait portée au sujet des crimes dont on les chargeait. Nous citerons les noms de ceux qui se firent garants, *plegii*, de la conduite des Langleie; ils appartiennent à l'histoire de Wattrelos. Ce sont Simon del Hornuire, Hugues Hazart, Jean de Langleie, qui ne partageait point, semble-t-il, la disgrâce de son père, Roger del Spire, Roger de Haies, Clerenbald de la Suis et Gerard des Cors. Plus tard le jugement eut lieu sous la présidence du même Arnoul d'Audenarde, et Morand y comparut avec son fils Hugues; Alard, le troisième accusé, était absent. On le croyait dans les contrées d'outre-mer. On n'attendit point le prononcé de la sentence; mais, à l'humble prière de Morand et d'autres hommes probes, un arrangement fut conclu, en vertu duquel Morand laissait à la libre disposition de l'abbé tous les biens qu'il tenait de lui à Wattrelos, et Hugues, tous les biens qui pourraient lui échoir tant du côté de son père que du côté de sa mère, dans le cas où ils viendraient à offenser l'abbé et le couvent, et où l'abbé affirmerait en termes formels qu'il lui conste de cette offense. Quant à Alard de Langleie, son père se portait caution pour lui de concert avec les personnages cités plus haut, et s'engageait à payer l'amende qui serait imposée à l'un de ses fils, dans le cas où l'abbé voudrait faire prononcer un jugement au sujet des chefs d'accusation portés contre l'un et l'autre. Enfin, comme si toutes ces sûretés n'avaient point suffi, Siger, mayeur de Dotengies (Dottignies), Siger et Jean de la Suis, Simon del Hornuire et Jean de Langleie, jurèrent en présence d'Arnoul d'Audenarde, du sire de Ghistelle et de Sohier de Courtrai, que si Morand et ses fils commettaient à l'avenir un forfait tel qu'ils pussent être condamnés, en jugement, à la mutilation ou à la mort, ils ne mettraient ni par eux-mêmes ni par d'autres aucun obstacle à ce que la justice eut son cours.

Tels sont les faits rapportés dans un acte donné par les trois hauts seigneurs mentionnés en dernier lieu et scellé de leurs sceaux l'an 1232, la veille de St-Michel, 28 septembre [1].

Au mois d'octobre de la même année, l'abbé passait un nouveau contrat de vente suivant la loi et la coûtume de Wattrelos, en présence des échevins dudit lieu, avec Jean de Langleie [2], au sujet de trois bonniers de terre que ledit Jean avait acquis du seigneur R. de Coienghem en échange d'un fief qu'il possédait à Stemputs (Estaimpuis) et qu'il vendit au seigneur abbé.

Nous venons de nommer Estaimpuis; c'est pour nous une occasion de faire remarquer que l'abbaye de Saint-Bavon étendait à cette époque ses possessions dans cette paroisse. En effet, nous trouvons qu'au mois de mars

[1] Cartul. de St-Bavon, p. 187.

[2] La famille de Langleie ou Langlée est demeurée célèbre dans la contrée. Un siècle et demi plus tard, on trouve une dame de Langlée, sœur d'Alard, seigneur de Roubaix (Hist. des seign. de Roubaix, p. 88). On trouve aussi dans la liste des rois de l'Epinette à Lille, Claude de Langlée en 1356, Jacques de l'Anglée, fils de feu Jacquemont en 1416 et Oudart de Lenglée en 1418.

1234, Daniel de Aienshove se désista de tous les droits qu'il avait cru pouvoir y prétendre sur quatorze bonniers de terre allodiale [1], mais en retour l'abbé lui concéda la haute justice sur ladite terre. En conséquence, l'église de Saint-Bavon pouvait y percevoir sans aucune réclamation ses revenus et son droit de terrage, par le moyen de son mandataire. Point n'était besoin d'attendre le mandataire, *nuncius*, de Daniel; il suffisait d'aller le requérir à la demeure du curé de Wattrelos, située près de l'Atre, tandis que Daniel ne pouvait recueillir les gerbes de sa dîme sans la présence du mandataire de Saint-Bavon. Les droits d'entrée et de sortie, le relief, les plaids des hôtes de la dite terre, les amendes au-dessous de 60 sous, restaient à l'abbaye. Tout ce qui était au-dessus était réservé, par la volonté et le bon plaisir de l'abbé Baudouin, à Daniel et à ses successeurs, avec cette clause pourtant, qu'ils ne pourraient imposer aucune taille à l'occasion de cette terre.

[1] Archives du chapitre de la Cath. de Gand, carton 8, XIIIe siècle. On y lit *Steinputts*.

CHAPITRE VII.

ÉTAT DE LA SEIGNEURIE AU XIIIe SIÈCLE.

Tout ce que nous venons de voir montre assez quelle sollicitude l'abbé Baudouin avait pour accroître la prospérité du beau domaine de Wattrelos. Mais il existe aux archives de la Flandre orientale à Gand une pièce plus curieuse, éditée par M. Serrure dans le cartulaire de Saint-Bavon [1]. C'est un livre censier écrit sur parchemin et contenant l'énumération des revenus de la cour de Wattrelos, *Redditus curie de Waterlos*, suivie de celle des revenus de la terre nouvellement achetée par l'abbé Baudouin. Tout le domaine seigneurial y est divisé en 19 districts, que nous avons énumérés dans l'introduction, au chapitre : *Division territoriale.*

Parmi les noms de ces districts et des localités qui en dépendent, il en est qui se rapportent à l'état de culture du sol, et qui font voir que certaines parties du territoire

---

[1] Page 174. L'impression de ce cartulaire est restée depuis plusieurs années en suspens, et les 280 pages qui ont été tirées ne sont point du domaine public. Nous en devons la communication à l'obligeance de M. Parton, archiviste-adjoint de la Flandre orientale. Quant à la pièce dont il s'agit, nous avons consulté l'original lui-même ; ce qui nous a fait corriger l'orthographe de plusieurs noms.

avaient été l'objet d'un travail plus récent. Heldebersart, comme plus tard le Sartel, signifie un endroit défriché. Le Bosch, ou en français plus moderne, le Bois, rappelle l'état primitif d'une grande partie de la contrée, et nous savons que longtemps encore il y eut à Wattrelos quelques restes des forêts primitives. Quant au mot Forest, il peut signifier la même chose que Bosch; mais on entendait aussi par là un domaine contenant des bois, des étangs, des prairies, etc. Le Bruile veut dire un endroit couvert de broussailles, et la Wastine, un terrain inculte et sauvage. Winehaut peut indiquer, d'après le flamand, le bois de la vigne : or, on sait que la vigne se cultiva longtemps à la Bouteillerie, fief de Wattrelos. L'Aubel est ainsi appelé d'un arbre de ce nom, du genre peuplier, et qu'on appelle vulgairement bois-blanc. Il en est de même du Gaukir, autrement gauquier, mot par lequel le peuple désigne le noyer. Or, on se souvient d'avoir vu dans l'endroit ainsi appelé, à côté d'une ferme de même nom, un antique noyer tellement grand que ses branches servaient à soutenir le toit d'une remise où trois voitures trouvaient place. On peut sans témérité affirmer que ce vieux témoin des siècles était celui qui, en 1231, donnait son nom à la localité ; et qui sait s'il ne remontait pas beaucoup plus haut et jusqu'au temps même de saint Bavon et de saint Amand ?

Dans chaque district, le livre censier énumère les revenus de toute espèce que l'abbaye était en droit d'y percevoir.

Il est curieux de voir, en parcourant la longue liste des divers censitaires de l'abbaye, les différents genres de redevances auxquels ils sont astreints. Les uns doivent des poules, *galline,* ou des chapons ; les autres un certain de rasières, d'havots, de quarts, de dosins, *dos,*[1] de francks[2], ou de muids, *mod.*, soit de froment, soit d'avoine, soit de pois; quelquefois aussi un havot de cervoise ou bière, et cela d'après la mesure de Tournai, de Courtrai, de Lille ou de l'Artois, parfois avec la stipulation expresse que la mesure doit être bien remplie, *à cauc;*[3] d'autres ont à fournir un certain nombre de pains; d'autres à payer une somme de deniers, d'oboles ou de *partits;* d'autres sont assujettis au service[4] d'un *mansum,* ou d'une partie de *mansum,* ladite mesure de terre contenant douze bonniers; ou bien de plusieurs bonniers, cents de terre, quartiers, etc., à d'autres incombent cinq ou sept *despens de carrin*[5], et dans le hameau appelé l'Hornuire, chaque *mansum* doit fournir chaque année trois charrues, *kerues, carrucæ*[6], à trois époques différentes, ainsi que deux attelages, *currus,* de deux chevaux, et porter à la Lis douze rasières et demie de froment, mesure de Tournai, et dans le cas où il n'y aurait pas de froment à porter, chaque cheval doit être chargé de six havots d'avoine. On voit par là que les céréales des

---

[1] Le *dosinus,* d'après Ducange, est une mesure pour les grains et paraît indiquer la douzième partie d'une autre mesure.

[2] En 1778, au lieu de francks on trouve des franquarts. Le muid comprenait 12 rasières, la rasière 4 havots ou 12 franquarts.

[3] Tel est le sens indiqué par Ducange qui donne *caucher* comme synonyme de ranger, tasser. Les sermons de saint Bernard en langue romane traduisent par mesure chaucheie, le *mensuram coagitatam* de l'évangile.

[4] C'est-à-dire, croyons-nous, à la culture ou au prix de la culture.

[5] Peut-être la dépense nécessaire pour faire charrier certaines quantités de produits agricoles.

[6] Voyez le dict. de Ducange, nouv. édit.

environs de Lille étaient assez estimées à Gand pour qu'on les y désirât.

La *corvée*, et la *manuvre* qui paraît en différer peu ou point, est obligatoire pour plusieurs manants pendant six, sept et parfois treize jours. Plusieurs de ceux qui y sont tenus doivent aller travailler au fumier et au foin ainsi qu'à la réparation du moulin.

La *manuvre* est fixée pour certains hommes à la fête de Saint-Bavon. Quant aux redevances, elles se paient soit à Pâques, soit à Noël, soit à la fête de Saint-Bavon, qui ailleurs est la fête de Saint-Remi (1er octobre); soit aussi à la Purification et à la Saint-Jean.

Les actes de cette époque nous font connaître les noms des sept échevins et des hommes de fief de la seigneurie, un certain nombre d'entre eux figurant comme témoins requis et nécessaires dans tout contract de vente. En 1226, on trouve parmi les échevins un *Bernardus forestarius* qui paraît bien être l'officier chargé de la surveillance des bois de l'abbaye. Parmi les hommes de fief comparait un *Eustachius Botelgir*, qui ne peut être autre que le bouteillier ou échanson du seigneur, commis à la garde de son vignoble et lui versant le vin d'honneur lors de son séjour dans la seigneurie.

Le seigneur Barthélemy figure en 1230 comme justicier. Nous ignorons si nous devons voir un de ses successeurs sous un autre nom dans *Jean le baliu* (le bailli) qui prend part à une vente quelques années plus tard.

Nous trouvons en 1233, parmi les hommes de fief, *Johannes major*, ce qui semble bien indiquer le maïeur; et en 1226 et 1230 un *Johannes del mairie*, peut-être le même, ce qui fait voir que déjà existait le fief de la Mairie, tirant son origine de la charge de maïeur, comme le fief de la Bouteillerie tire la sienne de la fonction de bouteiller.

Un acte de 1232 porte en tête le nom de Théodoric, moine de Saint-Bavon : c'est le prieur ou prévôt de Wattrelos. Suit le nom du seigneur Pierre, prêtre, c'est-à-dire, curé de Wattrelos et celui d'Yvon, clerc du même lieu.

Le nom des prévôts de Wattrelos ne se rencontre guère. Outre celui de Théodoric, on trouve dans un acte de 1208, étranger à Wattrelos, le seing de Henri de Wattrelos, placé après celui de l'abbé Eustache et du prieur G., et avant celui du prévôt de l'abbaye Simon et des autres moines, ce qui nous paraît indiquer suffisamment sa qualité de représentant du couvent dans notre village [1].

[1] Arch. de Saint-Bavon, carton N° 7, XIII® siècle, et cartul. de Saint-Bavon, p. 81. On y lit : S. Eustachii abbatis, G. prioris, Heinrici de Waterlos, Symonis prepositi et ceterorum monachorum. C'est en conséquence de ce texte que M. Van Lokeren regarde cet Henri comme prévôt de Wattrelos.

CHAPITRE VIII.

TROUBLES A WATTRELOS. — CONFLITS DE JURIDICTION.

Les détails dans lesquels nous sommes entrés au chapitre précédent au sujet de l'administration de l'abbé Baudouin, auront suffi abondamment pour nous faire voir qu'il avait l'intelligence de ses devoirs comme chef d'un établissement sous la dépendance duquel se trouvaient des exploitations agricoles aussi considérables que Wattrelos.

D'un autre côté les difficultés n'étaient pas petites pour maintenir toujours le bon ordre dans les villages relevant de la crosse abbatiale de Saint-Bavon, et pour protéger efficacement les hôtes du couvent contre les attaques de leurs voisins, jaloux peut-être de leur prospérité croissante. C'est ce que prouve un fait arrivé vers l'an 1234, et mentionné dans une charte de la comtesse Jeanne du mois de février de l'an 1235 [1].

Tout le détail de l'évènement ne nous est pas parvenu, mais l'affaire dut être grave et prendre les proportions d'une de ces petites guerres civiles de clocher à clocher ou de château à château, si fréquentes encore à cette époque

---

[1] Cartul. de Saint-Bavon, p. 193. Datum anno domini M° CC° XXX° quarto, feria quinta post dominicam qua cantatur Esto mihi. M. Serrure dit le 10 mars 1234, mais l'année commençant à Pâques, ne faut-il pas dire le 18 février 1235 ?

du moyen-âge. Olivier le Ariveit [1], hôte de l'abbé de Saint-Bavon, s'était fait de nombreux ennemis. Ceux-ci rassemblèrent des hommes des communes voisines. Il en vint, semble-t-il, de Tourcoing, de Roubaix, de Bondues, de Leers, de Flers et de Mouveaux. La villa de Wattrelos fut envahie à main armée; on se jeta sur la maison d'Olivier, on la renversa, on la détruisit de fond en comble.

De tels excès demandaient une répression. En conséquence on tint à Wattrelos une assemblée générale, et, dans une *franche vérité*, on articula des accusations contre les coupables. Nous ignorons quelle fut la sentence portée alors; mais nous savons que l'abbé eut recours à la protection de la comtesse de Flandre, et que Jeanne, par une ordonnance solennelle, enjoignit aux seigneurs de Roubaix, de Tourcoing, de Bondues, de Leers, de Flers et de Mouveaux [2], de prêter aide et assistance au jugement porté par les échevins de Wattrelos, et de veiller à ce que le dommage causé à l'abbaye fût suffisamment réparé. Les recommandations de la princesse sont des plus pressantes. « Si vous avez à cœur mon amour et mon honneur, dit-elle à ses vassaux, vous mettrez avec zèle et fidélité ces lettres à exécution, dès que vous en serez requis par l'abbé ou son mandataire, sachant que nous ne pourrons manquer de soutenir le droit de l'abbé, si, par votre faute, il se trouve forcé de recourir à nous. »

Le temps était venu où la protection des comtes de

---

[1] M. Van Lokeren, dans l'histoire de Saint-Bavon, lit *le Ariveit*. Le petit cartulaire man. de Saint-Bavon porte bien *le Ariveit*.

[2] Robbais, Torcoiegne, Bonducs, Leers, Flels, et Montvaus.

Flandre allait devenir de plus en plus nécessaire aux prélats de Gand pour la conservation de leurs droits, et l'abbé Baudouin II vivait encore quand commença une longue série de procès que la possession du riche domaine de Wattrelos suscita à son monastère.

Voici ce qui y donna lieu tout d'abord. Guillaume, fils de Wautier Ploket, avait mis à mort, au village de Wattrelos, Henri Vos, sergent [1] de l'abbé de Saint-Bavon. La comtesse Marguerite voulut faire justice de cet homicide au lieu même, et en conséquence fit placer des gardes dans la maison du meurtrier. Mais l'abbé s'opposa, en son nom et au nom de son église, comme étant de temps immémorial en possession de la haute justice dans sa terre de Wattrelos, franc-alleu, possédé par les moines avant l'établissement de la féodalité, et qui par conséquent ne relevait, suivant une expression des temps féodaux, que de Dieu et du soleil. La cause fut donc portée à la cour de Flandre; mais heureusement, après quelques contestations, on convint de s'en rapporter à l'arbitrage de personnes honorables. Wautier de Gand, doyen de l'église collégiale de Saint-Pierre à Lille, Eustache de Bruges, prévôt de l'église collégiale de Saint-Pierre à Douai, et Thomas, bailli de Lille, furent nommés arbitres ; et, par un acte du mois de janvier 1247, la comtesse, avec son fils Guillaume de Dampierre, déclara adhérer d'avance à la sentence qui serait portée. L'examen de la cause fut long ; des témoins furent produits de part et d'autres et entendus ; les anciens privi-

---

[1] Cartul. de Saint-Bavon, p. 241, 251, 252. On y lit : Henricum dictum Vos *servientem* abbatis sancti Bavonis. Ce que M. Van Lokeren a traduit par serf de l'abbaye.

léges accordés à l'abbaye furent exhibés, et enfin le jugement arbitral fut porté le 18 juin 1249. Il fut favorable à l'abbaye, et l'on y déclara qu'il n'appartenait point au comte de Flandre, mais au seul abbé de Saint-Bavon, de juger de l'homicide commis et de faire exécuter sa sentence [1].

En princes équitables, Marguerite et son fils aîné approuvèrent la sentence et confirmèrent le droit de l'abbaye.

La comtesse donna d'autres preuves de son amour pour l'équité et de sa bienveillance pour le monastère gantois. A côté de la seigneurie ecclésiastique de Wattrelos, se trouvait une seigneurie laïque d'une grande importance et dont les possesseurs, qui résidaient habituellement sur leurs terres, ne négligeaient rien pour s'agrandir et s'étendre. Le seigneur de Roubaix, Hugues IV° du nom, éleva des prétentions sur l'exercice de la haute justice et des autres droits seigneuriaux dans le village de Wattrelos. L'abbaye réclama et Hugues dut déclarer devant les hommes de fief de la comtesse de Flandre qu'il se désistait de ses prétentions illégitimes. Marguerite de Constantinople prit acte de ce désistement le 24 août 1266 ; bien plus, pour mettre un frein à l'ambition du puissant baron, elle lui défendit, par un décret de la même année, d'acquérir des immeubles dans le rayon d'une lieue du manoir de l'abbaye de Wattrelos [2].

Cette défense est d'autant plus sévère que l'on voit, à la

---

[1] Histoire de S.-B. 1re p., p. 98; 2e p., p. 30, 31.

[2] Invent. des archiv. de la cath. de Gand, p. 45. — Histoire de S.-B. 1re p. p. 105 ; 2e p., p. 37, 38. — Histoire des seigneurs de Roubaix, p. 70.

même époque, d'autres seigneurs puissants posséder des terres à Wattrelos et aux environs. En effet, nous lisons qu'en 1275, le seigneur de Mortagne, Jean, châtelain de Tournai, ouvrit une enquête pour borner et *chierkemaner* son héritage à Estaimpuis et à Wattrelos¹. Il faut, du reste, que la bonne intelligence se soit rétablie parfaitement entre l'abbaye et les seigneurs de Roubaix, puisque Jean III, l'un des successeurs de Hugues, figure parmi les hommes de fief de la seigneurie de Wattrelos, dans un livre terrier écrit en 1280 « par l'ordre du seigneur abbé Jean de Saint-Bavon. »

Mais bientôt l'abbaye aura à redouter un concurrent plus redoutable que le comte de Flandre. Cette fois ce sera le roi de France lui-même qui disputera au seigneur abbé la possession de son domaine, et plus d'une fois le bon droit devra céder devant la force.

¹ Hist. de S.-B. 2ᵉ p., p. 166.

CHAPITRE IX.

WATTRELOS SOUS LA SOUVERAINETÉ IMMÉDIATE DU ROI DE FRANCE. — L'USURIER CRESPIN. — INCURSIONS DE TROUPES ARMÉES.

Le commencement du XIVe siècle fut une époque désastreuse pour la Flandre. Nous n'avons pas à retracer ici la lutte gigantesque du peuple flamand contre la puissance du roi de France, qui amena cette terrible journée des Eperons d'or, où fut moissonnée la fleur de la chevalerie française. Ce fut le 11 juillet 1302 qu'on vit les plaines de Courtrai ensanglantées par la défaite de l'armée du roi Philippe. Peu de temps après, on ressentait à Wattrelos les effets de la colère du monarque qui avait déclaré la Flandre réunie à la couronne, et qui tenait d'ailleurs en engagement les châtellenies de Lille, de Douai et d'Orchies.

Un jour, les officiers de l'abbé Wautier de Erdenborch, virent arriver à Wattrelos un sergent d'armes de la gouvernance de Lille, Jean Desportes, qui venait, à la requête de Jean de Wissocq, y opérer une saisie. En vain s'opposèrent-ils à cette entreprise illégale. L'officier royal était plus fort, et le 11 novembre de la même année 1302, il rendait compte de son exploit au gouverneur de la Flandre wallonne [1].

[1] Histoire de Saint-Bavon, 1re p., p. 118, et 2e p., p. 49, 50.

Quelques années après, en 1306, l'abbaye paraît songer à se mettre en garde contre les exigences du gouvernement royal, et elle fait constater par acte authentique que la seigneurie de Wattrelos n'est pas un bénéfice ecclésiastique soumis au droit d'annate en faveur du roi [1]. Il eut fallu, dans le cas contraire, payer de fortes sommes au trésor du roi à chaque vacance du siége abbatial.

Or, à cette époque, l'abbaye éprouvait de grandes difficultés financières et se trouvait entre les mains d'un de ces usuriers d'Arras si tristement célèbres à cette époque.

En 1306, une reconnaissance fut faite sur « la court de Wattrelos » par les gens du roi ; des enquêtes furent instituées sous leur direction au sujet de Baude Crespin, dont malheureusement les prétentions ne sont pas spécifiées. Toujours est-il que « frère Georges, commis de Saint-Bavon de Gand » et « Damps Nicholes, » moine du même lieu [2], durent promettre au bailli de Lille, Pierre li Jumiaux li josnes (le jeune), de lui payer la somme de 40 livres pour la « droiture » du roi. Le 5 mai, les religieux avaient satisfait à la justice royale et recevaient quittance du paiement des frais d'enquête [3], qui, comme on le voit étaient fort considérables.

On pourrait croire que ces informations, comme celles qui durent avoir lieu au sujet du droit d'annate, avaient

---

[1] Histoire de Saint-Bavon, 1re p., p. 114; 2e p., p. 50.

[2] Ce dom Nicolas paraît être le même que Nicolas de Jonghe, abbé de Saint-Bavon en 1311 et dont un acte sera rapporté plus bas. On serait tenté de croire qu'il était de résidence à Wattrelos en qualité de prieur ; mais les circonstances étaient assez graves pour amener à Wattrelos des religieux de la maison-mère.

[3] Original aux archives de la cathédrale de Gand.

pour objet d'assurer à Baude Crespin une bonne et solide hypothèque sur le domaine de Wattrelos. Ce qui est certain, c'est que l'avide usurier avait prêté aux moines 10,000 livres parisis de monnaie faible et qu'il en exigeait le remboursement en monnaie forte. Heureusement Philippe-le-Bel intervint ; et réprouvant des exigences contraires à ses édits sur les monnaies, défendit à ses baillis et officiers de justice de forcer l'abbaye à payer les termes échus autrement qu'en monnaie courante (8 décembre 1307)[1].

Mais hélas ! quelques années plus tard, les moines se trouvèrent vis-à-vis du banquier d'Arras dans une position bien plus pénible. En effet, il existe un acte du mardi d'après la Saint-Martin de l'an 1314[2], par lequel Nicolas de Jonghe, par la grâce de Dieu humble abbé de l'abbaye de Saint-Bavon de Gand, et tout le couvent de ce même lieu de l'ordre de Saint-Benoît, au diocèse de Tournai, déclarent que pour leur profit apparent et celui de leur église, et — ce qui est fort significatif — pour échapper à pire marché[3], ils ont vendu, ou pour mieux dire, engagé pour huit ans à Baude Crespin, valet de leur seigneur le roi de France, leur maison et court de Wattrelos, près de Lille, avec toutes les appendances et appartenances, valeurs et revenus, etc., sans en rien excepter, si ce n'est la justice haute et basse et le droit de patronat.

En conséquence de cette vente ou engagement, l'ar-

---

[1] Hist. de Saint-Bavon, 1re p., p. 115 ; 2e p., p. 166.

[2] C'est-à-dire le mardi après le 11 novembre. L'analyse des chartes de Saint-Bavon, p. 52, porte le 16. Mais la Saint-Martin tombant l'an 1314, un lundi, le mardi suivant était le 12.

[3] Pour prieur markiet eskiver.

gentier d'Arras devait entrer en jouissance du domaine de Wattrelos à partir du jour de la Nativité de Saint-Jean-Baptiste de l'an 1315, et l'abbaye ne pouvait dégager son bien que par le paiement de trois mille huit cents livres parisis. L'acte fixe les sommes qu'il faudra payer deux fois par an, et, pour assurer ces paiements, engage le manoir de Moenkwerve-lez-Oudembourg et les autres biens de l'abbaye.

Nous serions infinis si nous voulions énumérer toutes les précautions qui assurent à l'usurier la jouissance pleine et entière du manoir de Wattrelos et le recouvrement intégral de toutes les sommes qu'il a avancées. Les religieux y renoncent à tout privilège qu'ils auraient reçu de « l'Apostole »[1] ou d'un légat du Saint-Siège, et prient l'évêque de Tournai, le roi de France, le comte de Flandre et le bailli de Vermandois et d'Amiens, de confirmer leurs lettres d'engagement par lettres scellées.

Nous ignorons quand l'abbaye rentra en possession de Wattrelos ; mais nous savons qu'en 1337, elle rendit au fils de ce même Baudouin Crespin, qui était seigneur de la Brayelle, les sommes qui lui avaient été avancées[2], et qu'en 1341, elle jouissait à Wattrelos de l'exercice de tous ses droits[3]. Mais avant d'en arriver là, de nouvelles diffi-

---

[1] C'est-à-dire du pape.
[2] Histoire de Saint-Bavon, 1re p., p. 121.
[3] On peut voir, sur toute cette affaire, l'histoire de l'abbaye de Saint-Bavon, 1re p., p. 113, 114, 115 et 118, et 2e p., p. 50, 52, 53 et 166. Mais nous avons exposé les faits tout autrement que M. Van Lokeren : c'est qu'il nous a semblé que l'estimable écrivain a été trompé par des analyses infidèles des chartes dont il nous a été donné de consulter les originaux Ainsi, il est certain que l'acte du 16 nov.

cultés surgirent et soustrairent un instant à la juridiction de l'abbé les domaines de Wattrelos, d'Ennetières et de la Madeleine. En effet, sous la prélature de l'abbé Gérelm (1320-1338), le roi Charles-le-Bel [1], voulant faire usage d'un droit régalien, ordonna au bailli de Lille de saisir tous les biens de l'abbaye situés dans le ressort de son bailliage, pour la contraindre d'admettre comme moine le nommé Michel Ronge. L'abbé s'étant plaint de cette injuste rigueur, le roi vint à résipiscence et ordonna à son agent de suspendre toute poursuite ultérieure, attendu que le monastère de Saint-Bavon n'était ni de fondation royale, ni situé sur les terres de France, ni enfin placé sous la sauvegarde des rois français qui n'y jouissaient d'aucune prérogative. Malgré cette injonction, le bailli, qui semble avoir été le moteur de cette poursuite, ne l'abandonna nullement. L'abbé l'ayant sommé d'exécuter la sentence de son maître, il exigea la production des pièces sur lesquelles l'abbaye avait fondé sa réclamation. Elle eut lieu par le procureur de l'abbaye, en séance solennelle ; des témoins furent en outre appelés à confirmer les différents actes, tant qu'à la fin le bailli fut contraint d'ordonner *l'exequatur* du décret du roi et de donner main levée sur le domaine de Wattrelos et les autres biens de l'abbaye [2].

1814 (2e p., p. 52) n'est pas un acte de rachat, mais bien de vente, et l'acte de location pour huit ans au prix fabuleux de 18,000 livres parisis par an, nous paraît être absolument le même acte que le précédent.

[1] M. Van Lokeren dit *Charles de Valois*; mais le règne de ce prince, qui succéda au roi Jean en 1361, et mourut en 1380, ne correspond nullement à la prélature de l'abbé Gerelm.

[2] Histoire de St-Bavon, 1re p., p. 121.

Si le seigneur abbé de Saint-Bavon éprouva de grandes difficultés au sujet de son domaine de Wattrelos, il y a tout lieu de croire que ses vassaux eurent beaucoup à souffrir à cette époque, par suite des incursions continuelles des armées ennemies à travers la châtellenie de Lille. Il y en eut dès 1302, lorsqu'après la bataille de Courtrai, les Flamands assiégèrent Tournai et que de nombreux engagements ensanglantèrent de nouveau, à plusieurs reprises, le sol de la Flandre. On cite en particulier un combat entre Tournai et Courtrai, où les Français, acculés à un marais, perdirent beaucoup de monde [1].

Il y en eut en 1313, lorsque Robert de Béthune chercha, après la mort de Philippe-le-Bel, à ressaisir la Flandre gallicante et dut s'enfermer dans Courtrai.

En 1329, c'était un banni de Lille, Jean Wafflard, dit de Croix, qui, à la tête d'une troupe de partisans du Hainaut, ravageait toute la contrée [2].

L'année 1340 est marquée par le grand siège de Tournai. Avant qu'il commençât, une troupe de Français des garnisons de Tournai, de Lille et de Douai, commandée par Matthieu de Roye, Matthieu de Trye, maréchal de France et Godemar du Fay, partit un soir de Tournai, arriva au point du jour devant Courtrai où elle commença le pillage; se dirigea ensuite vers Warnêton et revint le soir à Tournai, emmenant avec elle, au dire de Froissart [3], « dix milles blanches bestes et bien autant

---

[1] Meyer, ann. Flandr. l. X, f. 96 v.

[2] Panckouke, p. 182, cité par M. Roussel. Hist. de Tourcoing.

[3] Ed. de Buchon t. XI, p. 297.

que porcs, que bœufs, que vaches.» Qui ne voit que Wattrelos était sur la route des pillards ?

Plus tard les Flamands brûlèrent à leur tour plusieurs villages ou fermes aux environs de Tournai et y firent des dégâts considérables [1].

Que Wattrelos ait été réputé flamand ou français, il est difficile qu'il ait échappé complètement au pillage dans ces courses de partis contraires se succédant ainsi tour à tour.

Nous devions donc les mentionner, comme nous le faisons pour les démêlés qu'eut Josse de Halewyn, sire d'Espierre, avec les Courtraisiens qui vinrent brûler son château en 1347 ; comme aussi pour les courses de Gérard le More et de Jean Prunolle qui, vers la fin du siècle, dévastèrent la chatellenie.

[1] Chron. Flandr. t. I!. Ægid. li Muisis, p. 222. Muevin, p. 471.

CHAPITRE X.

UNE EXÉCUTION PAR LA CORDE A WATTRELOS.
LES COMPTES DES BAILLIS, ETC.

Si dans l'histoire d'un village, on doit s'attendre à rencontrer de temps en temps des délits et des crimes, c'est surtout à l'époque des guerres qu'on est le moins porté à s'en étonner. C'est la réflexion que nous suggère la première exécution capitale dont nous ayons trouvé la mention dans les archives de l'abbaye de Saint-Bavon. Ni le crime, ni le nom du coupable ne nous est connu, nous savons seulement qu'en 1344, un larron, c'est-à-dire, selon toute apparence, un homme qui avait commis quelque vol bien qualifié, fut exécuté par la corde à Wattrelos, mais en revanche, le compte détaillé des frais de justice nous est parvenu et nous croyons que nos lecteurs nous sauront gré d'avoir déchiffré le parchemin fort peu lisible du seigneur bailli, et de leur en donner tout le détail, fort curieux, ce nous semble, et propre à leur donner une idée des coutumes et des mœurs du XIV° siècle dans nos contrées.

Or, voici tout ce que le bailli de Wattrelos eut à dépenser pour les frais de la justice seigneuriale l'an 1344 :

1° Une franche vérité ayant eu lieu, il fallait indemniser les hommes de fief et les échevins. On leur remit donc pour ce qu'ils avaient pu dépenser 50 sous.

2° Il avait fallu un clerc pour prendre note du procès et écrire la sentence. Son salaire fut de . 12 s.

3° On avait dû construire une fourche patibulaire, ce qui montre que depuis longtemps l'on n'avait pendu personne à Watrelos. Ce nouveau gibet coûta. . . . . 20 s.

4° Le charretier qui avait conduit le criminel au lieu du supplice, reçut pour sa peine . . . . 10 s.

5° Le chanoine ou religieux qui avait préparé le malheureux à la mort, eut pour ses honoraires. 20 s.

6° Les charpentiers et ceux qui avaient gardé le larron reçurent tous ensemble. . . . . . . 30 s.

7° L'exécuteur des hautes-œuvres eut à lui seul pour l'accomplissement de ses fonctions, un écu d'or dont la valeur paraît être de. . . . . 44 s.

Et pour ses frais d'entretien . . . . . . 10 s.

8° La gratification de ceux qui avaient été avertir tant le bourreau que les hommes de fief et les échevins, s'éleva à . . . . 8 s.

9° Ceux qui sonnèrent la cloche pour avertir le peuple et annoncer l'heure fatale, reçurent. . . 3 s.

La somme totale est de 10 livres 7 s. [1]

---

[1] Le rôle de parchemin qui contient ce compte, sans autre date que celle de l'an 41, se trouve marqué dans l'inventaire des archives de la cathédrale de Gand, comme étant de l'an 1441. Il nous a paru évident par le style comme par l'écriture qu'il était bien plutôt du XIV° siècle, de même que deux autres comptes, datés semblablement des années 43 et 44, que l'on attribue aux années 1343 et 1344 et qui avaient été primitivement réunis au premier en une seule farde portant pour inscription : *Computationes diversorum băillivorum de bonis prepositurœ.*

Nous transcrivons le texte original du compte que l'on vient de lire : —

Cest cou ke li baliues a remis en le gustice de l'an XLI.

Prumies pour le franke vierite, pour le despens dommes et des esckevins L s.

It pour escrire a un clers XII s.

It pour 1nes fourkes karpenter XX s.

It pour le carier X s.

It a un canons XX s.

It pour le despens des carpentiers et de caus qui vardenret le laron XXX s.

It au penduer 1nes cut dor.

It X s. pour sen despens.

It VIII s. pour caus qui alaleret prues le penduer et les ommes et les escouiens.

It III s. pour caus qui sonneret à hieure.

Somme X lib. et VII s.

Nous ne pouvons abandonner les comptes des baillis de cette époque sans les analyser quelque peu, pour en tirer ce qui peut avoir quelque intérêt. Ceux que nous avons trouvés sont au nombre de quatre : le premier est de l'an 1341, la veille de la translation de sainte Landrade[1], 12 juin ; le second est de Ghodefrois de Courcielles, pour l'an 1343 ; le troisième est de Jehans de Drumes, de la même année ; le quatrième, du même Jehan depuis la Mi-Carême de l'an 1343 jusqu'à la Saint-Jean-Baptiste de l'an 1344.

La plupart des sommes perçues par ces officiers le sont « pour siervice. » Elles varient de 2, 9 et 10 deniers, jusqu'à 3, 4, 10 et même une fois 26 sous.

[1] Une sainte dont le corps se conservait à l'abbaye de Gand.

Il y a aussi plusieurs amendes de 30, 40, 50, 60 et même une de 100 sous.

Les droits de relief varient de 7 deniers, à 5 et 7 sous, et une fois à 14 sous.

On a payé pour un échange 6 sous, 6 deniers, et pour un autre 34 sous.

Le droit de meilleur catel n'est mentionné qu'une fois, mais il s'élève à 100 sous.

Il est aussi payé une fois 30 sous pour les corvées.

Quant à l'article des dépenses, outre ce qui regarde l'exécution capitale, dont le bailli a fait le compte détaillé, nous trouvons qu'une « commune vérité » coûte tantôt 62 sous, tantôt 46 sous. Deux clercs qui ont écrit une « commune vérité » reçoivent 8 sous. Deux réunions du bailli et des échevins, qui ont lieu sans effet, parce que le personnage ajourné, Jakemart de le Fontaine, s'est « mis à loi » à Courtrai, ne coûte que 12 sous.

Mais pour « garder les ducasses » on dépense une année jusqu'à 7 livres ; la première ducasse de l'année suivante exige 60 sous.

Monseigneur le prévôt reçoit une année 34 sous ; une autre année, le fils Henri, chambellan de monseigneur le chantre qui fut prévôt de Saint-Bavon [1], reçoit 40 gros qui valent 26 sous.

Un message de Hannetières (Ennetières), coûte 4 sous. Arnoul le messager reçoit quatre écus de la valeur de 66 sous 8 deniers la pièce.

Les points de comparaison nous manquent, et les docu-

---

[1] Ceci nous semble indiquer que le prévôt rural de Saint-Bavon à Wattrelos était devenu chantre à l'abbaye.

ments que nous avons sont trop incomplets, pour que nous puissions établir, d'une manière précise, d'après les données qu'ils nous offrent, si, à l'époque où nous sommes arrivés, la seigneurie était dans un état plus ou moins prospère. Mais, comme nous l'avons observé plus haut, les guerres fréquentes et les continuelles incursions de troupes indisciplinées, durent réduire tout le pays à une grande misère, et un document officiel nous l'atteste en particulier pour Wattrelos.

Le roi de France, Philippe de Valois, ayant obtenu du souverain Pontife la permission de lever une dîme sur tous les biens ecclésiastiques du royaume, l'abbaye de Saint-Bavon avait été imposée pour 250 livres parisis. L'abbé réclama, objectant les pertes qu'il avait faites, et le roi, dans une lettre adressée aux collecteurs de la dîme dans le diocèse de Tournai, exempta le couvent de la moitié des 250 livres parisis qu'il devait. Le prince déclare pour quel motif il accorde cette grâce spéciale. C'est, dit-il, « tant par considération des dommages que les religieux abbé et couvent de Saint-Bavon de Gand ont soutenus à cause de nos guerres, comme pour la bonne affection et amour que nous savons que le dit abbé a devers nous et à la couronne de France »

Ces lettres furent données à Arras, le 3 Juin 1347, lorsque déjà le roi avait pris l'oriflamme à Saint-Denis pour marcher contre les Flamands et les Anglais. Elles furent ensuite confirmées à Hesdin le 10 Juillet et vidimées à Paris, le 18, par le garde de la prévôté[1].

---

[1] Original du *Vidimus* aux arch. de Gand.

Quelque temps après, le 25 Juin 1350, à la demande du comte de Flandre, l'abbaye obtint du duc de Normandie et de Guyenne, collecteur de la dîme dans le diocèse de Tournai, une semblable remise d'une somme de 400 livres parisis [1].

A partir de cette époque, il semble qu'on ait pris un soin tout particulier des divers domaines de l'abbaye; aussi retrouvons-nous la liste de ceux qui firent hommage à l'abbé Jean III, l'an du Seigneur 1350. Il existe semblablement pour les années 1363 et 1364, des comptes détaillés de toutes les redevances qu'avaient à payer les divers possesseurs des fiefs et des dîmes relevant de la cour féodale de Wattrelos.

Un acte de l'an 1359 offre quelque intérêt, parce qu'il nous apprend que non-seulement le bailli, mais les hommes de fief, — et il en était de même des échevins, — avaient chacun leur sceau particulier. C'est une renonciation faite par Jehan Nottes, habitant d'Avelin, du fief qu'il tenait à Annetières, paroisse d'Avelin et accomplie en présence de « Ghodefroid de Courcielles, baillius a religieus et discrette personne monsigneur l'abbet de Saint-Bavon de Gand de sa justice et signourie qu'il a à Watrelos et es appartenances » ainsi que par devant les hommes de fief du dit seigneur abbé « de le court de Watrelos. » A cet acte, comme à plusieurs autres d'une époque postérieure, étaient attachés huit sceaux en cire jaune, pendant à double queue de parchemin.

[1] Hist de S.-Bav, 1re p., p. 126 ; 2e p., p. 168.

CHAPITRE XI.

WATTRELOS SOUS LES DUCS DE BOURGOGNE. — LA CHAPELLE DE LA TANNERIE.

Depuis plus d'un demi-siècle, l'abbé de Saint-Bavon n'avait au-dessus de lui dans la hiérarchie féodale que le roi de France. Mais l'an 1368, le roi Charles V céda la chatellenie de Lille à son frère Philippe-le-Hardi, duc de Bourgogne, en considération de son mariage avec Marguerite, fille unique de Louis de Male, comte de Flandre, et le franc-fief de Wattrelos se trouva de nouveau sous la protection du comte de Flandre.

Le mariage de Philippe, si avantageux pour ce prince, fut célébré le 20 juin 1369, dans l'abbaye même de Saint-Bavon, et il semble que le jeune duc de Bourgogne aurait dû se montrer favorable au monastère; mais il n'en fut pas toujours ainsi : nous ignorons pour quelle cause.

En effet, un acte du 13 Mars 1391, nous apprend que Pierre de la Tannerie, receveur général de Flandre et d'Artois, et commissaire en cette partie, avait, par l'ordre de Philippe-le-Hardi, « mis en la main du duc de Bourgogne la juridiction et seigneurie temporelle des religieux abbé et convent de Saint-Bavon de Gand, en la seigneurie de Watrelos. » En conséquence, il avait confié le soin de l'administrer au nom dudit seigneur duc, à Jacques de la Tannerie, receveur de Lille. Mais le duc ayant ordonné par de nouvelles lettres de faire cesser le séquestre, Pierre enjoint à Jacques « de lever la main » et de rendre compte de sa gestion à la chambre des comptes à Lille [1].

C'est une chose digne de remarque que les deux personnages qui interviennent ici appartiennent à une famille originaire de Wattrelos. En effet, la ferme de la Tannerie était un fief à justice viscomtière, situé à Wattrelos, relevant du fief des Masures qui, à son tour, relevait de la salle de Lille. De plus, un Jean de la Tannerie figure trois fois en qualité de vassal dans le compte des années 1343 et 1344.

Cette famille de la Tannerie était, à l'époque où nous sommes parvenus, aussi remarquable par sa piété que par ses richesses. Son chef, Pierre de la Tannerie, cité plus haut, se signala par une riche fondation dans l'église paroissiale de Wattrelos, celle de la chapelle ou cantuaire de Saint-Jean-Baptiste à laquelle il affecta par son testament des revenus considérables, se réservant à lui et à ses successeurs la nomination du titulaire de ce bénéfice. Ses pieuses intentions furent reconnues et solennellement confirmées dans un acte du mois de Juin de l'an 1404 [2], par lequel ses trois frères, Wautier de la Tannerie, prêtre, qui figure dans un acte de 1416 comme curé de Tourcoing, Guérard et Josse de la Tannerie renoncent en faveur de leur autre frère Jacques de la Tannerie, également cité plus haut, à tous les droits qu'ils pouvaient avoir sur un lieu manoir situé « au lieu que nagaire on souloit nommer le lieu du Prez » et que l'on appelait alors le lieu de la Tannerie ; Jacques avait reçu ce bien en com-

[1] Arch. de la cath. de Gand
[2] Archives du dép. à Lille.

pensation de 50 francs que ledit Pierre « li devoit » et à la charge de l'entretien viager de Jehenne de Lassus leur mère commune.

Les biens du cantuaire se trouvaient bien expressément réservés, de telle sorte qu'aucun des quatre frères n'en put rien détourner à son profit ; mais l'on stipulait que Jacques, comme tous les membres de la famille qui tiendraient le lieu de la Tannerie pourraient donner ou faire desservir la chapelle de la manière déterminée par le testament du fondateur.

A partir de cette époque nous trouvons plusieurs mentions de la chapellenie de Saint-Jean-Baptiste. Ainsi, le terrier de l'an 1415 contient l'énumération des « terres de la capielle de la Tanerie lesquelles doivent à le Saint-Martin tant de fournées et de cappons » Mais le 19 octobre 1422, il y eut un nouvel acte de fondation, réglant les messes qui devaient être dites par le chapelain à l'intention des seigneurs de la Tannerie. En 1475, on y fonda encore un certain nombre de messes et « les gouverneurs de le chapelle de Monseigneur S. Jehan à Waterloos, » payèrent à la chambre des comptes à Lille 13^l 17^s 6^d parisis de vingt gros, monnaie de Flandre, pour amortir un bonnier de terre gisant à Roubaix et tenu du fief de la Vigne. L'acte d'aveu, fait en 1615 par le seigneur de la Tannerie[1], contient la mention expresse des droits dudit seigneur sur cette chapelle. Ce document a de l'intérêt pour ceux qui aiment à connaître les anciens usages du pays. On y lit : « Et sy at droit le seigneur de la Tannerie, tant par sentence du

---

[1] Arch. du dép. du Nord, reg. des fiefs, t. 2, f. 112.

lieutenant de la gouvernance de Lille, que aultrement, d'estre appelé, ou son commis, chascun an, aux comptes de la chapelle de ladite Tannerie, fondée à l'autel de monsieur saint Jehan, en l'église paroissiale de Wattrelos joindant le cœur, dottée de plusieurs rentes héritières et de dix-neuf bonniers sept cens dix verges d'héritage ou environ gisant audit Watreloz ; et ce par cry d'église, à heure de grande messe à l'estaplet, quant on fait les commandemens, le dimanche précédent le samedy prochain devant le Saint-Martin d'hyver, jour de la rendition desdits comptes et de l'obit qui se fait pour les âmes des seigneurs de la Tannerie, fondateurs d'icelle chapelle ; auquel samedy doit estre pourvu de chapelain, par l'advis et conseil dudict seigneur de la Tannerie, pour célébrer tous les jours de l'an en icelle chapelle une messe, et pardessus ce faire l'obit solempnel et célébrer aussi en cette chapelle la messe de la Sainte-Trinité avec eauwe bénite à heure de soleil levant chascun dimenche de l'an, pour les ames dedicts seigneurs. »

Les prescriptions consignées dans cette pièce, paraissent s'être fidèlement et constamment conservées, et nous avons trouvé que le 13 décembre 1757, la nomination du nouveau chapelain Mre Pierre-Etienne Jonville, s'était faite en tout point de la manière voulue[1].

---

[1] Arch. de Wattrelòs, reg. des contrats, 1755, f. 211. On y voit qu'en conséquence de la publication faite au prône de la messe paroissiale, le bailli, les échevins et les marguilliers se sont assemblés le 13 décembre et qu'après avoir attendu le seigneur de la Tannerie préalablement invité à donner son avis, ils ont conféré l'office de chapelain aux conditions mentionnées dans la suite de l'acte.

— CHAPITRE XII.

CONFLITS DE JURIDICTION. — LE CONSEIL DE FLANDRE. —
UNE AMENDE HONORABLE.

Revenons maintenant sur nos pas pour voir quelle était la position de l'abbaye à Wattrelos au commencement du XVe siècle.

Nous ne parlerons que pour mémoire d'un arrêt de l'official de Tournai (23 octobre 1398), qui, terminant un procès de plusieurs années, condamnait un certain Bouchard Dujardin à payer la dîme des terres qu'il exploitait à Wattrelos[1].

A cette époque, ce ne sont plus quelques droits particuliers de l'abbaye, qui sont remis en question, c'est la seigneurie même, c'est son droit de haute justice, c'est surtout son indépendance vis-à-vis du bailliage de Lille. Une longue série de conflits de juridictions s'ouvre devant nous, et le monastère gantois ne pourra qu'y perdre.

Dans une circonstance qui n'est point précisée, Hennequin du Moulin et Colin Hespiel avaient « de nuit » maltraité et « navré » un prêtre. En conséquence le bailli de Wattrelos les avait, au jugement des échevins et selon la loi de Wattrelos « calengié d'amende criminelle et de confiscation de biens. » Chacun d'eux dut payer 60 sous

[1] Histoire de S.-Bavon, 2e p , p. 98. — Invent. des arch. de la cath. de Gand, p. 78, 79.

d'amende, et deux complices de leur méfait furent ajournés et condamnés civilement. Le bailli de Lille réclama contre cette sentence qu'il prétendait abusive, et obtint de la duchesse Marguerite de saisir en son nom la terre de Wattrelos, et « calengia d'amende lesdits baillis et eschevins de Wattrelos d'abus de loi qn'il leur imposa. » Les religieux de Saint-Bavon réclamèrent à leur tour; mais tout ce qu'ils purent obtenir du duc Jean-sans-Peur, fut que ce prince, considérant les services de l'abbaye, leur quittât de grâce spéciale, ledit abus, et ordonnât de lever la main assise sur les biens de Wattrelos.[1]

Bientôt un nouveau conflit de juridiction sera amené par une cause des plus minces. Pour une coiffure de peu de valeur, les hommes de loi du conseil de Flandre, devront instituer une procédure sérieuse et dresser des actes solennels.

Jeanne Dumont, femme d'un certain Boussaert de Wattrelos, avait arraché de force, à Guillemet Lemoine, un chaperon qu'elle disait appartenir à son fils. Là-dessus, accusation, procès; la pauvre femme « pourtraicte devant les eschevins du village est convaincue d'avoir tollu par force et en commettant robe » le malheureux chaperon, sur quoi, elle a le tort de se rendre fugitive, et le bailli de Wattrelos, la *calenge* de peine de ban et de confiscation de biens. Ainsi, bannie de son village, Jeanne avait protesté de son innocence et en avait appelé au tribunal de la gouvernance de Lille. Le gouverneur, qui prétendait bien exercer son autorité à Wattrelos comme partout ailleurs dans la

[1] Histoire de S.-Bav. 1ʳᵉ p., p. 187; 2ᵉ p., p. 101. — Arch. de la cath. de Gand.

châtellenie, commença l'instruction de l'affaire. Les religieux de Saint-Bavon en appelèrent à la chambre du conseil du duc à Audenarde. L'affaire y fut discutée ; les parties consentirent à un arrangement et il intervint un arrêt par lequel, considérant que Boussaert et sa femme, étaient « de pauvres et simples laboureurs, » que le procès avait été commencé à très-petite occasion et « fondé sur très-faible fondation » d'un chaperon de petite valeur et qui appartenait au fils desdits Boussaert et sa femme, pour éviter les grands dépens et afin de nourrir bon amour et tranquillité entre les gens du duc et les religieux, le duc de Bourgogne, comte de Flandre, mettait à néant, du consentement des parties, toute la procédure, et chargeait le conseil établi à Gand d'exécuter son ordre [1].

L'ordre fut exécuté et le procès annulé le 19 mars 1408 [2].

Nous venons de nommer un tribunal nouveau et d'une création assez récente : ce qui nous force à jeter un coup-d'œil en arrière et à dire quelques mots des changements survenus dans l'administration judiciaire en Flandre.

Au XIII° siècle, les jugements que portaient à Wattrelos les officiers de justice du seigneur abbé, y étaient, comme dans les autres seigneuries, du même genre, définitifs et sans appel. Si nous avons vu, en 1234, la comtesse de Flandre intervenir à l'occasion d'une franche vérité tenue à Wattrelos, c'est uniquement en qualité d'avouée et de

---

[1] Arch. de la Flandre orientale, inv. N° 1, f. 163, 2° et case 24, N° 3, N° 48.

[2] Histoire de saint Bavon, 2° partie, page 170.

protectrice du monastère et pour faire exécuter la sentence prononcée.

Mais à la fin du XIII⁰ siècle, les vassaux du comté de Flandre commencèrent à interjeter appel à leur premier suzerain le roi de France, ce qui eut lieu surtout lorsque Philippe-le-Bel eut fixé à Paris, en 1287, le siège de son parlement.

Un nouveau changement eut lieu lors de l'avénement des ducs de Bourgogne au comté de Flandre. En 1385, Philippe-le-Hardi institua le conseil de Flandre dont il fixa le premier siège à Lille. Désormais le tribunal de Wattrelos a au-dessus de lui deux tribunaux supérieurs que nous allons voir fonctionner successivement.

En 1412, le 6 août, le conseil de Flandre intervient par un arrêt rigoureux pour venger les insultes faites aux officiers de l'abbaye. Trois jeunes gens « Pieterquin Carette, Fransquin le Mats et Piéterkin De le Buerch, » ayant environ deux ans auparavant insulté le bailli de Wattrelos et les officiers de la seigneurie, furent saisis et enfermés dans la prison seigneuriale. Le père du principal coupable, Rogier Carette, dit le Heighe, se rendit la nuit à la prison, et, par la violence, délivra Pierre et ses complices.

Le conseil souverain crut qu'il fallait faire un exemple, Rogier fut condamné à être banni pour dix ans du comté de Flandre. En outre il fut forcé, avant de partir pour l'exil de se soumettre à la cérémonie humiliante d'une amende honorable à des jours indiqués, et de faire exécuter à ses frais un tableau destiné à être placé dans l'église de Wattrelos, pour transmettre à la postérité la mémoire de son juste châtiment.

Les détails de la sentence sont trop curieux pour que nous les omettions complétement. Et d'abord, Rogier doit être conduit à Wattrelos et renfermé dans la prison seigneuriale jusqu'au jour de l'Assomption de la sainte Vierge, 15 août; ce jour-là, il sera mené « en ses lings draps[1], sans chapron, » jusqu'à l'église et portera « en ses mains à la procession une chandaille de cire de quatre livres ardent, entre la crois et le prestre qui dira la messe. » Il restera dans le même état, à l'entrée du chœur de l'église jusqu'à l'offrande; alors il offrira à l'abbé, s'il est présent, ou à ses représentants, la torche expiatoire en priant merci et disant qu'il a été mal avisé lui et ses complices, lorsqu'il a osé rompre les prisons et en arracher les coupables; enfin, il placera le cierge ardent sur un chandelier devant le maître-autel en signe d'amende honorable.

Ramené aussitôt en prison, il y restera jusqu'au dimanche suivant, qu'il devra subir la même humiliation, et y retournera pour recommencer la même cérémonie, une troisième fois, le second dimanche.

Son incarcération rigoureuse doit durer « jusques à ce qu'il aura rendu ou fait rendre les armeures appartenant ausdits trois prisonniers qu'ils prindrent de force en la maison du censier des religieux..., s'ils sont en estre, ou semblables. »

Quant au tableau, ou à la peinture qui doit être exécutée aux frais du coupable contre le mur ou contre un pilier de l'église, on devra y voir figurer l'image de saint Bavon et à ses pieds Roger à genoux. Une inscription fera connaître que c'est « en signe d'amendise » et pour le crime relaté

---

[1] Plus tard on dira: en ses linges, c'est-à-dire en chemise.

que l'on a fait faire ce monument « affin de perpétuelle mémoire. »

Le bannissement se trouve prononcé comme châtiment de l'offense commise par Roger envers le duc lui-même, par le fait de son effraction et du mépris de la justice. Il doit commencer le lendemain du jour où Roger sortira de prison et il est inutile d'ajouter qu'il ne peut rentrer en Flandre avant les dix ans, sous peine de mort [1].

[1] Hist. de saint Bavon, 1re part., page 140, 2e part., page 104. Cartulaire de saint Bavon, N° 12, aux archives de la Fl. Or. f° 151 v°.

CHAPITRE XIII.

RÉPARATION DES DROITS LÉSÉS. — NOUVEAUX CONFLITS.

Les circonstances sont favorables à l'abbaye ; car, après le conseil de Flandre, c'est le gouverneur de Lille lui-même qui donnera réparation aux religieux pour leurs droits lésés. Hennequin de Courchelles, sergent de la gouvernance de Lille, avait arrêté à Wattrelos même, Hennequin Descamps dit le Dieu, sergent des religieux, et l'avait amené prisonnier à Lille. C'était une vengeance, le sergent de Wattrelos ayant fait prisonniers quelques-uns des parents dudit de Courchelles pour les punir de leurs méfaits et démérites. Les religieux portèrent plainte. En vain, de Courchelles allégua-t-il pour s'excuser qu'il avait cru Descamps en défaut au sujet d'une amende qui lui avait été infligée, mais que, ayant appris que l'amende avait été payée, « après que en une taverne ils avoient beu ensemble, » il avait payé l'écot de son prisonnier et l'avait délivré. Le sergent qui avait agi sans l'ordre de son maître méritait châtiment, et Hugues de Lannoy le condamna à comparaître un dimanche ou autre jour solennel au lieu même où il avait fait son arrestation illégale pour y accomplir la cérémonie de rétablir Hennequin Descamps en pleine liberté, ce qui ne le dispensait pas de payer en sus une amende de XII livres [1].

[1] Arch. de la Flandre Orientale à Gand, case 24, n° 3, n° 49.

L'arrêt du gouverneur de Lille est du 22 avril 1417. Il frappait dans la personne du sergent lillois une des familles les plus considérables de Wattrelos, celle de Courchelles, dont le sceau héréditaire portait un sautoir, et qui avait donné à Wattrelos deux baillis Godefroy (1343-1359) et Pierre (1404-1408), et deux échevins, Gérard (1404-1408), et Lotard, fils de ce dernier (1415.)

Il ne paraît pourtant pas que ce fut une famille noble, car nous retrouverons plus loin Pierre de Courchelles, en qualité de simple censier ; nous en verrons aussi plusieurs membres figurant d'une manière peu honorable dans un procès qui fit grand bruit à Wattrelos vers la fin de ce siècle.

La famille du sergent wattrelosien, qui portait une bande sur un fond semé de billettes, avait aussi fourni deux échevins : Daniel Descamps (1404-1407) et Jean, son fils (1415). Un siècle plus tard (1520)[1], Catherine et Jeanne Descamps fondèrent un anniversaire à Wattrelos, avec distribution de farine de méteil aux pauvres.

Cependant les rapports entre la gouvernance de Lille et la seigneurie de Wattrelos étaient pour l'ordinaire fort peu agréables, nous en aurons la preuve tout d'abord dans un nouveau conflit de juridiction qui éclata en 1420 et prit d'assez vastes proportions. Un homicide commis à Wattrelos y donna occasion. Le bailli et les échevins du village se saisirent de la cause suivant leur droit. Le gouverneur du souverain bailliage de Lille, ne voulant pas

---

[1] Arch. de la Cath. de Gand. M. Van Lokeren dit en 1828. H. de St-B. 2e p. 57.

reconnaître que la seigneurie de Wattrelos, bien qu'enclavée dans la châtellenie de Lille, n'en faisait point partie, fit intimer aux officiers du seigneur abbé la défense expresse de connaître la cause capitale pendante à leur tribunal. Philippe du Ponchiel, bailli de Wattrelos, opposa un refus formel à cette injuste défense, le gouverneur poussa la violence jusqu'à le faire emprisonner et ne le relâcha qu'après qu'il eût payé, par composition, une somme de 73 sous parisis. Alors l'abbé Guillaume Van Bossuyt avec « ses hôtes couchant et levant dans sa seigneurie de Wattrelos » porta ses plaintes au conseil de Flandre. Sa supplique fut admise et le conseil nomma, le 6 mars 1420, des commissaires pour sommer le gouverneur de restituer la somme extorquée par lui et de s'abstenir dorénavant de toute immixtion dans la justice de Wattrelos, et, en cas de refus, pour le citer à comparoir, à Gand, devant le conseil.

Le gouverneur de Lille eut recours à Paris, et le parlement, par arrêt du 7 janvier de l'année suivante (1420, vieux style), évoqua la cause à son tribunal. Robert le Josne, conseiller du roi et bailli d'Amiens, ordonna la signification de l'arrêt. Jean Carpentier, sergent du roi de France au bailliage d'Amiens, le signifia, en effet, le 8 février, au conseil de Flandre, mais les gens du comte lui répondirent fièrement « qu'ils n'étaient point accoutumés à recevoir les ordres du roi de France et de son parlement. » Nous ne savons pas d'une manière précise l'issue de cette affaire, mais tout porte à croire que l'abbaye conserva ses droits et que la cause fut jugée à Wattrelos ; ce qui est certain, c'est qu'après de nombreuses réclamations, Philippe-le-Bon obtint du roi que l'on mît tous les appels en surséance [1].

Cependant la paix ne pouvait jamais être bien longue entre les autorités rivales de Lille et de Wattrelos. Aussi, en 1442, nous trouvons un exploit de Gilles Leclercq, sergent du juge des exempts de la gouvernance de Lille, qui, le dernier jour de mars, va « mettre la main du roi » sur un grand nombre de terres et de manoirs du village, et assigne Pierre de Grimaupont, bailli des religieux, ainsi que Hues de Carnin et Pierre Du Bois à comparaître devant Mgr le juge des exempts, à Lille [2].

En 1448, c'est Jehan Descamps, chef des exempts du souverain bailliage, qui opère une saisie sur les terres de Jehan Hespiel, en la seigneurie de Wattrelos. En 1450, l'abbaye fut traitée plus durement encore par le duc de Bourgogne, Philippe-le-Bon, et par son grand conseil, qui firent saisir toutes ses rentes seigneuriales dans six localités différentes. Par leur ordre, le bailli de Lille nomma, le 12 novembre 1450, Guillaume Gauthier, curateur de celles de Wattrelos. Les motifs de cette sévérité sont inconnus, mais, en 1453, le duc, ayant entendu l'abbé Guillaume Van Bossuyt « et ses excusations, » ordonna la main-levée du séquestre [3].

---

[1] H. de S. B. — 1re p. p. 145, 2e p. p. 109, 110. Archives de la Cath. de Gand.

[2] Arch. de la Cath. de Gand., Inv. p. 102. Acte du 8 juin 1442.

[3] H. de St-B. — 1re p., p. 145, 146; 2e p., p. 121, 122. Arch. de la Cath. de Gand, Inv. p. 102.

CHAPITRE XIV.

LE COMBAT DIT DU PONT D'ESPIERRE.—ENCORE DES CONFLITS DE JURIDICTION.

Cependant un événement assez marquant venait d'avoir lieu à Wattrelos et les manants du village avaient eu affaire, non plus aux hommes de loi, mais aux hommes d'armes du duc de Bourgogne. Philippe-le-Bon était en guerre avec les gantois qui venaient de mettre le siége devant Audenarde. C'était pendant les fêtes de l'an 1452 qu'il avait appris la nouvelle entreprise de ses sujets révoltés, et aussitôt il avait mandé le ban et l'arrière-ban de ses vassaux. Son cousin-germain, Jean de Bourgogne, comte d'Etampes, lui amena de la Picardie et de l'Artois, qu'il gouvernait, une troupe de nobles chevaliers, au nombre de plus de trois mille combattants. Le comte se dirigeait vers Wattrelos, lorsqu'il apprit que les gantois, sous la conduite de Jean Boterman, s'étaient fortifiés à Helchin, dans le château de l'évêque de Tournai, que, pour empêcher le passage de l'Escaut, ils occupaient le pont construit sur le ruisseau de l'Espierre, à l'entrée du village qui porte le même nom et qu'ils en avaient défendu l'accès par de solides retranchements. Le comte donna l'ordre au sire de Saveuse de s'avancer vers Espierre avec une partie de la cavalerie légère. Saveuse, suivi par Robert de Miramont et d'autres gentilshommes, avait avec lui environ 500 archers de la Picardie et du Hainaut. Quand on fut en face des flamands, on mit pied à terre et l'on commença à leur lancer des flèches, mais en même temps la grosse cavalerie, qui s'était avancée rapidement en passant par Wattrelos, venait fondre par derrière sur la troupe qui gardait le pont. Les gantois résistèrent quelque temps, mais ils furent écrasés par le nombre. Deux cents d'entre eux se retirèrent précipitamment dans l'église d'Espierre et voulurent en vain s'y défendre; le comte y fit mettre le feu et il en périt quatre-vingt-dix. Cette victoire, suivie aussitôt de la prise du château d'Helchin, fut gagnée le 21 avril.

Après ce succès, le comte s'en retourna, disent les chroniqueurs, à Wattrelos et à Lannoy, où lui et tous ses gens se rafraîchirent et pansèrent leurs blessés. Trois archers seulement avaient péri de toute sa troupe. Quatre jours après, le 25 avril, le comte, accompagné de ses picards, partit de Wattrelos et se dirigea vers Audenarde, dont il réussit heureusement à faire lever le siége[1].

Nous rentrons dans la série des procès et des conflits de juridiction; dont nous tâcherons de rendre l'énumération aussi peu fastidieuse que possible. Notre devoir d'historien, sans nous imposer l'obligation de les exposer tous, ne nous permet pas non plus de les passer tous sous silence.

L'abbé Jacques Van Brucele, ancien prieur de Saint-

---

[1] Buzelin. Annal. Gallo-Flandriæ. L. IX, p. 409, 410. Mém. de Mathieu de Coussy, dans Buchon. Coll. des Chroniqueurs français. L. 35, p. 332. Mém. de J. Du Clercq, ibid., t. 38°, pages 17 et 19. — Meyer dit qu'il périt à l'Espierre cent cinquante hommes.

Pierre, à Gand, qui gouverna l'abbaye de Saint-Bavon, d'abord en qualité de coadjuteur de Guilaume Van Bossuyt (1455), puis, en qualité d'abbé (1457-1470)[1], eut d'abord à Wattrelos des difficultés avec ses propres officiers, et dut s'adresser au grand conseil pour forcer Jehan des Quartes, demeurant à Espierre, de lui rendre compte de l'administration des biens de la seigneurie qui lui avait été confiée. Le grand conseil, au nom du duc Philippe, donna, le 3 février 1459, mandement d'enjoindre à l'ancien receveur de faire son devoir, et, s'il refusait, de le sommer de comparaître devant le gouverneur du bailliage de Lille[2]. Cette mesure dut être efficace, si, comme nous le croyons, le même Jehan des Quartes était encore receveur en 1475, et fut ensuite bailli de Wattrelos, au moins depuis l'an 1481 jusqu'à l'an 1497, et son fils, du même nom que lui, receveur en 1498[3].

Quelques années après, la gouvernance de Lille fit saisir à Wattrelos un certain Oste de Stocq, qui s'était rendu coupable à Enghinen (Enghien?) d'un homicide et de plusieurs autres méfaits. On alléguait que les officiers de l'abbaye n'avaient point fait leur devoir en permettant

---

[1] On a de lui un acte du 18 août 1457, par lequel il donne en fief, à Jehan de le Cambre, dit Ganthois, plusieurs parties de terre et de bois, situées à Wattrelos et à Herseaux. Arch. de la Cath. de Gand, inv. p. 103.

[2] H. de S.-B., 2º p., p. 123. Arch. de la Cath. de Gand.

[3] Arch. de la Cath. de Gand. — Si nous n'affirmons pas, c'est que le même nom peut s'appliquer à deux personnes différentes. Mais nous avons trouvé Jehan des Quartes, receveur en 1475, puis Jehan des Quartes, bailli en 1481, 1482, 1495, 1497; puis, sous un autre bailli, Jehan des Quartes receveur en 1498, et Jehan des Quartes, fils de Jehan, relevant un fief en 1539.

d'aller et de venir dans leur village à un homme qu'ils savaient chargé de plusieurs crimes. L'abbaye réclama contre cet empiétement de ses droits les plus clairs. Une sentence du duc intervint en 1464 ; elle reconnaissait les droits de l'abbaye et proclamait Wattrelos terre exempte, enclavée dans la châtellenie de Lille, ayant haute, moyenne et basse justice ; mais pour le cas présent, elle blâmait la négligence des officiers du seigneur abbé, et ordonnait que l'exécution du criminel eût lieu à Enghinen, où le crime avait été commis, toutefois, sans préjudice des droits, hauteurs et seigneuries de l'abbaye de Saint-Bavon[1].

En 1468, empiétements du souverain bailli de Lille et de ses officiers, qui ont fait faire des *emprises* dans la franche seigneurie de Wattrelos ; action intentée contre eux par l'abbé-seigneur au conseil de Flandre ; mandement des gens du conseil de citer les coupables devant sa justice[2].

En 1469, nouveaux empiétements : les sergents du souverain bailli ont été saisir, dans la maison mortuaire de feu Vincent Le Simple, habitant de Wattrelos, la robe de sa défunte femme, comme son meuble de plus grande valeur. Mais le droit de meilleur catel appartient à l'abbé ; appel donc au conseil du duc ; citation des gens du bailliage par devant le conseil (9 septembre) ; exploit de l'huissier qui intime l'ordre de comparoir (18 septembre).[3]

[1] Arch. de la Flandre-Orient., case 24, N°s 30 à 52.
[2] H. de St-B., 1re p., p. 152 ; 2e p., p. 127. Arch. de la Cath. de Gand.
[3] H. de St-B., 1re p., p. 152 ; 2e p., p. 127. Arch. de la Cath. de Gand.

En 1471, comme en 1468, nouvelles *emprises* et *saisies* illégitimes ; nouvelle sommation faite le 17 septembre au souverain bailli, par l'organe de Jacques de Vinaige, conseiller au conseil de Flandre [1].

Mais malgré tous les arrêts de la justice, on n'en persiste pas moins à vouloir usurper les droits d'autrui et les bulles d'excommunication promulguées alors contre les détenteurs des biens ecclésiastiques ne produisent elles-mêmes que fort peu d'effet.

Jacques Van Brucele a réclamé comme sien le droit de meilleur catel à Wattrelos. Son successeur, Jean Van Sycleers doit recourir à la justice ecclésiastique pour conserver le droit d'y recueillir la succession des bâtards non légitimés. L'officialité de Tournai le maintient dans la possession de ce droit par sentence du 26 novembre 1473 [2].

Vers le même temps, un arrêt de Louis XI assure à l'abbaye son droit de confiscation, en déclarant que lorsqu'un homme était banni de Flandre à perpétuité, les biens, meubles et immeubles, qu'il avait à Wattrelos, étaient sujets à confiscation et que la justice du lieu pouvait les y saisir [3]. Ce droit de confiscation occasionna plus tard un procès assez long entre l'abbaye et messire Guillaume de Failly, seigneur de Bernissart. Réputé comme ayant été du parti contraire au souverain, il s'était vu dépouiller de tous ses revenus en Flandre, et en particulier

[1] H. de St-B., 1re p., p. 152 ; 2e 2., p., p. 128.

[2] H. de S.-B., 2e p, p. 129.

[3] Arch. de la Flandre-Orient., case N° 24, v° 44. Inv. de St-Bavon, N° 1, f° 162, v°.

de certaines rentes qui lui étaient dues sur les biens de l'abbaye à Wattrelos, mais un arrêt du grand conseil de Malines le réintégra dans ses droits (8 mars 1478, 23 novembre 1479), et il réclama de l'abbaye les arrérages de ce qu'on lui devait (2 septembre et 11 novembre 1480)[1]. Ici toute la question roulait sur les faits et gestes du seigneur de Bernissart, coupable ou non de s'être retiré en pays ennemi. L'abbaye restait en possession de son droit et elle l'exerça encore trente ans plus tard quand les échevins de Wattrelos confisquèrent, à son profit, un arrière-fief, situé audit village, parce que le tenancier demeurant à Tournai, ville alors au pouvoir des ennemis, avait été, de ce chef, déclaré coupable de félonie et condamné au bannissement (1518, 8 février)[2].

Tous les domaines de l'abbaye, dit M. Van Lokeren, ne lui suscitaient pas autant de tracasseries que celui de Wattrelos. On comprendra mieux la vérité de cette assertion quand on saura que pour un paiement de rentes de blé, chapons, gélines et argent dus par Pierre Hespel et sa fille à cause d'un fief de deux bonniers qu'ils possédaient à Wattrelos, il y eut un procès qui, porté en seconde ou troisième instance au parlement de Paris, fut renvoyé ensuite devant le bailli de Tournai et s'y trouvait pendant, depuis 18 ans, quand le conseil de Malines fit citer Hespel à son tribunal le 5 décembre 1473.

Ce Pierre Hespel, si mauvais débiteur, appartenait pourtant à une des familles les plus anciennes de Wat-

---

[1] H. de St-B., 1re p., p. 157; 2e p., p. 130, 131. Arch. de la Cath. de Gand, inv.

[2] H. de St-B., 2e p., p. 148.

trelos, connue sous le nom d'Hespiaux dès 1231, puis sous celui d'Hespiel vers l'an 1408, et qui figure dignement dans l'échevinage tant à cette époque que dans les siècles suivants.[1]

[1] Voir dans les Appendices la liste des échevins.

CHAPITRE XV.

UNE AVENTURE D'UN JOUR DE *DÉDICASSE* A WATTRELOS.

Nous sommes arrivés à un fait, peu important de nouveau par lui-même, fort grave dans sa portée et dans ses suites, et que nous devons rapporter dans tous ses détails, tant parce qu'il offre un tableau des mœurs du XVe siècle à Wattrelos, que parce qu'il est assez piquant de tirer des arrêts des cours souverains le récit d'une scène, telle qu'en rapportent de notre temps les journaux de province à la suite de certaines fêtes de village.

Voici en effet ce qu'on lit dans un arrêt solennel du conseil de Flandre édicté au nom de Charles par la grâce de Dieu duc de Bourgogne, comte de Flandre, etc., etc.

« Le 18 jour de juin (de l'an 1475), jour de dédicasse à Watreloes et où, ensuivant l'ancienne coutume, avoit grande assemblée de gens, ung compaignon mercier, qui illec avoit prins un estal et mis à vente certaine mercerie, se tira pardevers Guillaume Uten Hove bailly, et lui remonstra par forme de plainte et doléance : Comment « *un compaignon, estant illec, avoit acheté de lui une pièce de sa dicte mercerie, et icelle emporté sans le vouloir païer, aussi que un nommé Jaques de Courcielles, qui estoit assis empres son dict estal, lui avait aussi osté certaines pièces de sa dicte mercerie, sans les lui vouloir rendre,* » — requérant justice, lui en estre faicte.

« Quoy oyant, ledit bailly remonstra doulcement au dict de Courcielles qu'il convenoit rendre au dict mercier ses bagues, où les lui païer. A quoy le dict de Courcielles, comme mal content, répondit qu'il n'en feroit rien, mettant la main à sa dague, et disant plusieurs injurieuses paroles. Et pour ceste cause le dict bailli mist main à lui et le fist prisonnier. Ce voyant plusieurs de ses compaignons illec assemblés, come Jehan de Courcielles, Symon Emmeel, bastard, Philippe et Gilles de Courcielles, Toussaint de Rasse, appelé Boursier, et plusieurs autres, se approchèrent oudict bailly et le assaillirent en eulx efforçant de le vouloir oultraiger et vilener, tellement qu'il fut contraint de habanbonner et laisser aler son dict prisonnier, et de prendre son reffuge sur le cimistiére de l'église du dict lieu de Watreloes. Et depuis le dict bailly aïant recouvré assistance du receveur du dict lieu et de son fils, partit du dict cimistière en poursuyvant son dict prisonnier pour le reprendre. Quoy voyant les dicts compaignons crièrent publiquement et à haulte voix : *Herseaux ! Herseaux !* qui est le nom du village où ils estoient demeurant près du dict lieu de Watreloes, tellement que par moyen du cry plus grand nombre de gens que devant y survint. Et entre les autres y ot trois compaignons qui estoient et sont chargés de homicide, sans en avoir obtenu pardon et rémission. Et ainsi fut le dict bailly contraint de habandonner seconde fois ledit prisonnier. » Ce n'est pas sans raison qu'après ce récit le haut et puissant seigneur duc de Bourgogne, ajoute que ces « choses ont esté faites et perpétrées en grande irrévérence de lui, contenant méprisement, foule et leston[1] de justice. »

[1] Lésion (?); ou peut-être l'action de molester.

Les magistrats du souverain bailliage jugèrent aussi que c'était chose grave que de mépriser ainsi l'autorité constituée dans l'exercice de ses fonctions ; mais de nouveau ils eurent le tort de s'immiscer dans les affaires d'une seigneurie qui n'avait rien de commun avec la châtellenie de Lille.

Dès le lendemain du fait (19 juin), le lieutenant de Lille donnait mandement d'arrêter, de conduire et d'écrouer dans la geôle de Lille, sept des principaux perturbateurs. Le 21 juin, un huissier de la gouvernance se rendit à Wattrelos, et ne trouvant pas les coupables, prononça à haute et intelligible voix en lieu public leur ajournement.

Après les avoir nommément interpellés, il leur disait : « Vous estes appelés aux droits, pour et sur ce que en la paroisse de Watreloes, par dimence et jour de la Dédicasse du dict lieu dernièrement passée, garnis de bâtons invasifs, avez pris à un mercier aucunes petites denrées, sans les au dict vollu payer, ni partir de son hayon : et parce que Willaume Utenhout, bailly, vous ayant blasmé votre mauvaisse manière de faire, et vous commandé, comme justice, de vous tirer arrière du dict hayon, avez, inrévéremment de justice, avalé vos jawelots, lanchié après le dict bailly et ses aydes, et les contraint par forche de eux mettre à sauveté par deux fois au cimetière du dict Watreloes, et en la maison de Jehan de Quartes ; en quoy faisant, et depuis, avez skivés [1] les plais de votre Seigneurie [2]..., ce qui est cas de condemneté privilégié à mon dict seigneur (le duc de Bourgogne). »

[1] Esquivés.
[2] Après ce mot, nous croyons avoir lu : que vous averez le dict bailly et ses aides à vollenté.

A cet exploit du 21 juin, en succéda un autre du 8 juillet.

C'était une double usurpation des droits de l'abbaye gantoise, qui ne tarda point à réclamer, et obtint gain de cause.

En effet, le grand conseil, par un acte daté de Malines le 3 juillet de la même année 1475, évoqua la cause à son tribunal et confirma les priviléges de l'abbaye.

Cette pièce, dont nous avons tiré toute la première partie de notre récit, porte aussi que la terre et seigneurie de Wattrelos est enclavée dans la châtellenie de Lille, et qu'elle est de l'ancienne fondation de l'église de Saint-Bavon, que les religieux, abbé et couvent de Gand y ont justice haute, moyenne et basse et pour l'exercer bailli, hommes, échevins, sergents et autres officiers nécessaires auxquels appartient la connaissance de tous cas et délits qui sont commis et perpétrés en la dite seigneurie, sans que la gouvernance de Lille en puisse avoir la connaissance. Elle se termine par un ordre d'arrêter les coupables; de les mener en prison et, en cas de latitation, de les ajourner au conseil de Flandre et de saisir leurs biens.

L'assignation eut lieu à Wattrelos, le 9 août à « l'ostel » de Laurent de Courcelles, père des principaux coupables, qui furent sommés de se rendre à Gand pour le 18.

Mais ils firent défaut et une nouvelle assignation eut lieu le 19 mars 1476[1], sans que nous puissions savoir au juste quelle fut l'issue de toute l'affaire et si l'injure faite

---

[1] Nous avons consulté les originaux ou les copies de ces différentes pièces aux archives de la cathédrale de Gand.

à la justice dans la personne du bailli fut enfin dignement réparée. La mort du duc de Bourgogne arrivée peu de temps après (1477), fut suivie d'événements plus sérieux qui purent faire oublier les désordres de la dédicace de 1475.

CHAPITRE XVI.

INCURSIONS DE LA GARNISON DE TOURNAI.

Deux ans à peine s'étaient écoulés depuis l'insulte faite au bailli Guillaume Utenhove, que Wattrelos se trouvait exposé aux incursions de troupes ennemies.

Louis XI était en guerre avec la duchesse Marie de Bourgnogne au sujet de la Flandre wallonne, qu'il réclamait comme n'ayant été cédée par Charles V à son frère Philippe-le-Hardi, que sous la clause de retour à la couronne, à défaut d'héritiers mâles.

Tournai avait reçu une garnison française qui faisait, dit Philippe de Comines « merveilleux dommages ès pays, comme de piller et brûler maints beaux villages et maintes belles censes. » Plusieurs historiens ont raconté le sac de Tourcoing, qui eut lieu le 31 juillet 1477; mais le récit détaillé de toutes ces dévastations se trouve consigné dans le « kalendrier des guerres de Tournay, » par Jean Nicolaï[1], et l'on y lit en particulier que, le 9 octobre 1477, les Français de la garnison de Tournai « allèrent à Roubais, Watrelots et aultres villaiges à l'environ de où ils amenèrent grand nombre de butin en la ville de Tournay, de prisonniers et de biestes. »

Des incursions du même genre se renouvelèrent, à plusieurs reprises, aux environs de Wattrelos, et selon toute apparence sur le territoire de la seigneurie; car le 11 no-

[1] Mémoires de la soc. hist. et litt. de Tournai, t. II, pag. 145, 157, 158, 177, 231, 232, 249.

vembre, fête de Saint-Martin, « aucuns piétons allèrent à Herseau et là entour ; où ils prindrent plusieurs paysans et grand nombre de bestes qu'ils amenèrent » à Tournai ; le 14 décembre, des piétons « issus » de Tournai, « la vesprée précédente, et » qui étaient « allez courre vers Mouscron, Ligne, Estaimpuch, » amenèrent à Tournai grande quantité de bétail.

Cependant la résistance s'organisait et les bourguignons songeaient à se venger des pillages exercés par leurs ennemis.

Ainsi le 4 avril 1478, les français de la garnison de Tournai étant allés faire une excursion aux environs de Courtrai ; six cents bourguignons se tinrent en embuscade auprès de Wattrelos et les y attendirent longtemps, « cuydans, dit le chroniqueur, que ils deuissent passer par là retournans de envers Courtrai ; mais nenil, car ils estoient retournés le chemin de Ouldenerde. » La rencontre eut pourtant lieu, mais dans des conditions différentes ; car les pillards venaient de mettre en sûreté le riche butin qu'ils avaient fait, lorsque la vigie du beffroi de Tournai signala un parti ennemi dans la direction de Lille. Les français y coururent et rencontrèrent les bourguignons à Pont-à-Tressin ; mais à leur vue, ils se hâtèrent de rebrousser chemin, laissant un de leurs archers au pouvoir de leurs adversaires. Un mois plus tard, plusieurs piétons de Tournai se trouvèrent mal d'avoir voulu piller une seconde fois Wattrelos. Partis en troupe, la nuit du 8 mai, ils y commencère à enlever le bétail ; « mais aucuns y demeurèrent et nonobstant ils amenèrent » à Tournai « bon butin de aulcunes bestes. »

On peut affirmer sans hésiter que quatre ans plus tard, après la mort de Marie de Bourgogne, Wattrelos fut de nouveau exposé au pillage. Car le roi Louis XI cherchant encore à s'emparer d'une partie de la Flandre, deux fortes troupes de Français firent irruption dans la châtellenie de Lille, environnèrent son chef-lieu et s'avancèrent dans le pays de Flandre. On les évaluait de quatorze à quinze mille combattants. Une de ces troupe se dirigea du côté de Lannoy, de Flers et de Roubaix, l'autre du côté de Lille, vers Marquette et Wambrechies, toutes deux se rencontrèrent à Tourcoing et en firent le centre de leurs déprédations. L'abbaye de Marquette fut entièrement dévastée. Neuf ou dix gros villages, dont la ville de Lille tirait principalement sa subsistance, furent pillés et ravagés.

Quand on trouve de pareils détails dans une relation[1] contemporaine, une mention explicite de Wattrelos devient parfaitement inutile.

Il paraît pourtant que le village fût moins maltraité que plusieurs localités voisines ; car le dénombrement des feux de la terre et paroisse de Roubaix, fait en 1497, constate que « plusieurs gens de bien et puissants se sont retirés » de Roubaix « ès-lieux voisins tant à Wattrelos que ailleurs »[2] ce qui n'empêche nullement qu'à la même date, les habitants de Wattrelos ne se plaignissent justement de la « dépopulation » de leur village, l'attribuant aux guerres, qui avaient régné, et aux grands logis de gens d'armes.

---

[1] Relation des états-généraux de 1482. Bull. de la comm. roy. d'hist. Gachart 1860, p. 322 pp. 320-328.
[2] Hist. de Roubaix IV, p. 95.

CHAPITRE XVII.

AUTRES CONFLITS DE JURIDICTIONS. — LE CHAPELAIN DE NOTRE-DAME.

Les guerres entre le roi de France et le duc de Bourgogne faisaient à peine diversion à la guerre, pour ainsi dire perpétuelle, qui existait entre la gouvernance de Lille et la magistrature de Wattrelos. « La seigneurie de Wattrelos, dit M. Van Lokeren,[1] était un joyau, convoité de tout temps par le gouverneur du grand bailliage de Lille. Il ne tenait aucun compte des arrêts du conseil de Flandre, il se laissait condamner par défaut et continuait ses empiétements. »

L'arrestation illégale de Laurent Hespiel, saisi à Wattrelos et mis en prison à Lille, forme un nouvel épisode de cette lutte plus que séculaire. Elle amena la publication de plusieurs arrêts ou exploits judiciaires (7 et 9 décembre 1481, 2 et 24 janvier et 19 février 1482).[2]

Laurent Hespiel fut élargi mais on voulait qu'il fût solennellement et publiquement « restitué » ou rétabli en liberté à Wattrelos même.

Les droits de l'abbaye furent de nouveau confirmés et l'ordre à suivre en cas d'appel nettement déterminé.

[1] Hist. de S.-B. p. 157.
[2] Arch. de la cath. de Gand et de la Flandre or.

« Quand aucun, dit le duc de Bourgogne comte de Flan-
» dre, se veult plaindre du jugement des échevins de la
» dicte seigneurie, soit par appellation, ou réformation, il
» est tenu de le faire par devant les hommes de fief du
» dict Watrelos et d'illec par devant le bailli et hommes
» de fief de la court et abbaye du dict Sainct-Bavon et
» ainsi sucessivement par devant les gens de notre cham-
» bre en Flandre et non ailleurs, parce qu'ils, et leurs
» officiers, sont du tout exempts de la dicte gouvernance
» de Lille. »

La fin de l'année 1482, fût marquée par un nouveau triomphe de l'abbaye; car le bailli de Lille Grard de Hocron, en présence de Jehan des Quartes, bailli de Wattrelos, désavoua, le 24 décembre, par devant notaire, l'appréhension qui avait été faite dans la juridiction de Wattrelos, de la personne de Gillot de la Dessoubz, déclara lui et ses sergents, qu'il levait la main assise sur l'inculpé, et, en ce faisant « par le signe d'un bâton, le rétablit en la main » dudit bailli de Wattrelos, s'offrant à aller le rétablir à Wattrelos même, et promettant de lui rembourser le cautionnement qu'il avait dû verser quand on l'avait contraint de s'obliger à se constituer prisonnier.[1]

Cependant, toutes les difficultés étaient loin d'être aplanies, puisque l'abbé Raphaël de Mercatel se vit forcé d'interjeter appel comme d'abus de certaines insinuations du conseil de Flandre, pour l'obliger à permettre qu'il plaidât contre le comte au sujet de la haute justice de

---

[1] Arch. de la Fland. or. case 24, n° 8 et 50.

Wattrelos. L'archiduc Maximilien défendit alors au gouverneur de Lille d'y exercer aucun acte de justice jusqu'à ce que l'affaire fut vidée en son grand conseil: elle y fut appelée par exploit du 30 avril 1487; mais nous ne connaissons pas l'arrêt qui intervint; toutefois il ne put être défavorable à l'abbaye ; car, bien qu'en 1492 Jean Dommassens, lieutenant du bailli de Lille, ait fait mettre sous séquestre les biens délaissés par Henri Dumont à Wattrelos, nous voyons qu'en 1497 le sucesseur de cet officier, Guillaume Hangouart, révoqua de son propre mouvement un exploit de saisie faite sur des biens de l'abbaye, situés à Gasquière, dépendance de Wattrelos, sous le prétexte que les tenanciers n'avaient pas entretenu les routes.[1]

Qu'un sujet ose plaider contre son propre souverain et gagne sa cause, c'est ce qui prouve qu'alors la justice était bien administrée dans les Pays-Bas; que l'abbé de Saint-Bavon le fasse l'on s'en étonne d'autant moins que Raphaël, à son titre d'abbé, fort relevé déjà, joignait la qualité d'évêque de Rosence *in partibus infidelium* et que d'ailleurs il appartenait par sa naissance à la famille même des ducs de Bourgogne, étant le frère consanguin de Charles-le-Téméraire.

Le litige dont nous allons parler maintenant touche aux matières ecclésiastiques. Sur ce terrain, pas plus que sur tout autre, les seigneurs de Wattrelos n'étaient disposés à laisser entamer leurs droits acquis.

Le chapelain de Notre-Dame à Wattrelos, Antoine de

[1] H. de s.-B. 1° pp. 157 2° pp. 182, 183, 134, 135 et 137. arch. de la cath. de Gand invent. aux années indiquées.

la Dessoubz, prétendait prélever à son profit une partie des dîmes de la paroisse, et comme il était en même temps chapelain de « Bauduin de Lannoy, seigneur de Molembaix, Templeuve, Torcoing, etc., » il se flattait que l'on ne parviendrait pas à l'en empêcher, pour peu que son puissant protecteur voulut appuyer ses démarches.

La circonstance était d'autant plus favorable que les revenus de Wattrelos étaient encore sous séquestre de par le conseil de Flandre. Baudouin de Lannoy, qui était alors gouverneur de Lille, prit en main la cause de son chapelain et fit comparaître devant lui, à Tourcoing, Gérard Lefebvre qui recueillait la dîme en litige, comme assistant de Jehan des Quartes, commissaire chargé de l'administration du séquestre. Il interpella durement Gérard, lui demanda s'il voulait payer son chapelain, le menaça même de la prison, tellement que ni Gérard, ni ses aides n'osèrent plus recueillir la dîme ni administrer les revenus de la seigneurie.

Mais, comme toujours, on eut recours à l'autorité supérieure, et défense fut faite, le 3 juillet 1495, au seigneur de Molenbaix et à son chapelain de troubler les collecteurs de la dîme dans l'exercice de leurs fonctions. Trois ans plus tard, le 5 octobre 1498, Antoine de la Dessoubz, renonçait à toute part dans les dîmes de la paroisse en présence du bailli Oste de Ployc, du receveur Jehan des Quartes et des hommes de fief.

[1] Arch. de la cath. de Gand et arch. de la Flandre or.

CHAPITRE XVIII.

QUELQUES DÉTAILS SUR L'ADMINISTRATION DES BIENS DE L'ABBAYE A WATTRELOS.

En parcourant la longue suite de difficultés et de procès qui nous a occupés plus haut, nous avons omis à dessein de faire mention de plusieurs actes d'un autre genre et d'une moindre importance, mais qui, à un autre point de vue, touchent plus directement Wattrelos. Nous voulons parler de ceux qui concernent l'administration de la seigneurie au point de vue agricole et financier.

Les archives de l'ancienne abbaye, réunies pour la majeure partie à la cathédrale de Gand, en contiennent un grand nombre de toute espèce. Il en est plusieurs qui méritent qu'on ne les passe pas entièrement sous silence. Ainsi l'historien de l'abbaye de Saint-Bavon cite avec raison, nous paraît-il, des baux du commencement du XVe siècle, comme renseignements curieux au point de vue de la valeur locative des terres à cette époque. Le 17 janvier 1407 (1408), Georges Van der Zichele, par la permission divine abbé de St-Bavon lez-Gand, afferma pour neuf ans, à Pierre de Courcelles, fils de Gérard, censier de la court de Beaulieu, la dite court et terre de Beaulieu de la contenance de 38 bonniers, quatorze cents et demi, avec les dîmes de Beaulieu et de la Bourde, au prix de 13 livres, 10 sous de gros monnoie de Flandre par an, payables par moitié à la chandeleur et au 1er mai, en sus de 20 rasières de froment,

5 d'épeautre, 1 d'avoine, 1 de cameline et 30 chapons. Le bail fut renouvelé aux mêmes conditions le 15 octobre 1416.[1] De même le 4 juin 1478, l'abbé Raphaël loue 17 arpents de terre à Wattrelos au prix de 8 livres parisis, 8 chapons, 8 gélinotes et 2 picotins d'avoine par an.[2]

Nous sommes loin du temps où tout le domaine de Wattrelos ne formait qu'une grande exploitation agricole, dont les travaux étaient dirigés par les moines de Saint-Benoît. Une grande partie des terres sont entre les mains des particuliers qui les possèdent en qualité d'héritiers, mais sont tenus au paiement de la rente seigneuriale. Il est pourtant quelques terres non aliénées et dont les abbés sont restés propriétaires fonciers. Ce sont celles-là qu'ils louent à des fermiers comme le feraient les grands propriétaires de nos jours.

Les baux sont parfois souscrits par les abbés eux-mêmes; le plus souvent l'acte de location est dressé par « le baillieux de révérend père en Dieu et Seigneur, Monseigneur l'abbé de l'église St.-Bavon les Ghant. »

Les sept échevins sont présents au contract et leurs sceaux en cire verte figurent au bas du parchemin à côté de celui du bailli.[3]

[1] Hist. de S. B. 1ᵉ p. p. 141, 2ᵉ p. p. 102, p 108. M. Van Lokeren présente ces deux baux comme étant de la même date et de deux terres différentes, l'une de 88, l'autre de 84 bonniers. Nous avons vérifié le 1ᵉʳ bail aux archives de la cathédrale, quant au point principal, mais nous ne pouvons affirmer l'exactitude des diverses redevances indiquées que nous avons prises dans l'inventaire imprimé. H. de S.-B., 2ᵉ p. p. 103.

[2] Ib. de S.-B. 2ᵉ p. p. 130.

[3] Tels sont les actes par lesquels Pierre de Courcelles accense diverses pièces de terre à Robert De Lo Mairie en 1404, 1407, 1408. Arch de la cath. de Gand.

S'agit-il de certaines ventes, il est des solennités particulières à observer. Le *markiet* et *vendage* sera crié et publié à l'église de Wattrelos, par trois dimanches continuels, au prône de la messe paroissiale, selon les us et coutumes du lieu, et si personne ne se présente pour réclamer, on rapportera en la main du bailli comme en la main du seigneur, par *claim* et par *baston*, la rente ou tel autre bien que l'on voulait transférer.

L'ancienne court ou maison seigneuriale de Wattrelos, qui tenait lieu, dans ce village, du donjon féodal des seigneuries laïques, et qui avait été longtemps occupée par les religieux bénédictins, prieurs ou prévôts de Wattrelos, se trouvait dans le plus triste état à la fin du XVe siècle; incendiée par suite des guerres de cette époque, elle offrait le spectacle d'une véritable désolation [1].

Pourtant les receveurs avaient trouvé moyen de s'y établir et ils y faisaient d'ordinaire leur résidence. Ce fut en conséquence de cet état de choses que l'abbé Raphaël voulant récompenser Jacques Van den Poel de services rendus à son abbaye, lui accorda pour sa vie durant, le manoir et son jardin de la contenance d'un bonnier et demi environ, avec tous les fruits et revenus, mais à la condition que le nouvel usufruitier s'obligeât à le réparer et à le restaurer convenablement, sauf indemnité en cas de rescission du contrat [2].

Le commencement du XVIe siècle semble une époque de restauration pour Wattrelos. L'abbaye de Saint-Bavon

---

[1] *Nunc combusti et desolati per guerras novissimas*, acte du 20 mai 1483.

[2] Arch. de la Cath. de Gand. H. de S.-B., 2e part. pag. 133.

s'occupe plus activement de son beau domaine. Il est resté de cette époque un grand nombre de reliefs ou dénombrements de fiefs relevant de la cour féodale de Wattrelos. L'inventaire des archives de la cathédrale de Gand en compte une trentaine de 1538 à 1568. On a cité à plusieurs reprises dans des ouvrages modernes le dénombrement du fief de la Bouteillerie qui prouve, dit-on, qu'en 1538, on cultivait encore la vigne à Wattrelos. En effet le tenancier de ce fief n'était pas seulement tenu de faire l'office de bouteillier durant le séjour des abbés dans la seigneurie, il devait encore leur offrir six bouteilles de vin du cru *d'un vignoble qui en dépendait*. De même à la nomination des nouveaux abbés, le tenancier du fief des Vignons, avait à leur présenter un tonneau de vin récolté aussi à Wattrelos [1].

Le premier de ces fiefs était, en octobre 1539, entre les mains de Jacques Feubvre ou Feurier, conseiller de l'empereur et maître en sa chambre des comptes à Lille. En mai 1548, il avait passé à Jean, son fils aîné. Le fief des Vignons avait passé, en 1539, de Pierre Carette à son fils Simon.

Nous ne devons pas omettre de dire que « parmi plusieurs beaux droits, franchises, prééminences et libertés, » dont jouissaient les seigneurs de Wattrelos, était celui de « faire faire et donner octroi de faire et ériger mollin. » Or le moulin du Plich, aujourd'hui le petit moulin de Wattrelos, a son histoire. Car on lit dans une requête adressée à la cour des comptes de Lille [2] qu'en 1421, César Descamps obtint en

---

[1] H. de S.-B. 1re part. pag. 169, 2e part. pag. 155-156.
[2] Arch. du département du Nord.

arrentement perpétuel la motte dite du Plich et y éleva un moulin à vent, « à usance d'oille et bled, » que ses successeurs possédèrent plus de cent ans jusqu'à ce que, « par impétueux et grands vents, » le dit moulin tomba sur la motte. Au commencement du XVIe siècle; il fut rétabli par Pierre des Reulx dont le fils Jean l'exploita après lui. Le 28 février 1552 (1553), Michel et Gilles Glorieux, fils de Gilbert, qui précédemment avaient reçu défense d'exploiter le moulin à farine du Plich et le moulin à huile des Mallets, obtinrent de l'abbé Luc Munich la permission de continuer, à charge de trois patars pour le premier moulin, et de deux chapons emplumés pour le second, payables et livrables la veille de Noël.[1] En 1549, le moulin à blé rapportait 100 livres et le moulin « à tordre huile appartenant et occupé par Jehan Florin, » était estimé seulement à 23 livres de revenu.[2]

Le dénombrement de cette année ne mentionne que ces deux moulins. Il paraîtrait pourtant qu'il y en avait un autre appelé le moulin de Wattrelos et qui appartenait à l'église de Saint-Bavon. Nous le trouvons mentionné dans un acte de 1547[3], qui montre que les seigneurs de Wattrelos n'oubliaient pas les pauvres.

En effet le moulin de Wattrelos devait d'ancienneté livrer chaque année à la *charité* de la paroisse de Wattrelos 52 rasières de blé moulu destinées aux distributions hebdomadaires de pains aux pauvres.

En outre on se servait pour la cuisson de ces pains du bois provenant de la coupe et de l'élagage des buissons et

[1] Arch. de la Cath. de Gand.
[2] Arch. du départ. du Nord, Dénombrements.
[3] Arch. de la Cath. de Gand, pag. 280.

des haies qui croissaient autour des prés de la cour de St-Bavon. Mais le 27 septembre 1547, il y eût à l'église paroissiale une assemblée solennelle, où le vice-curé, sire Louis des Huelz, les ministres de la charité des pauvres et nombre de manants et habitants de Wattrelos, représentant la communauté de la paroisse, firent un appointement sur ce sujet avec leur seigneur, l'abbé-prévot de St-Bavon. Il fut convenu que les habitants pourraient abattre et emporter les buissons et les haies, que le seigneur pourrait ensuite faire des plantations au profit de son église, ainsi que des fouilles pour l'amendement des prairies, et qu'il ne serait plus tenu à livrer du blé moulu. Mais en compensation il devait payer aux ministres de la charité une rente héritable et perpétuelle de six florins carolus de 20 patars de Flandre et faire livrer 52 rasières de blé non moulu à prendre et recevoir au grenier de l'hôtel à Wattrelos.

CHAPITRE XIX.

**DERNIERS CONFLITS DE JURIDICTION AU XVIᵉ SIÈCLE.
L'ABBAYE DE SAINT-BAVON CHANGÉE EN CHAPITRE SÉCULIER.
SES BIENS RÉUNIS A L'ÉVÊCHÉ DE GAND.**

Les affaires concernant les droits seigneuriaux et les conflits de juridiction paraissent avoir été en assez petit nombre dans la première moitié du XVIᵉ siècle.

Au mois de février 1543, l'héritage de Michel Marlier, ayant été mis sous séquestre, on n'avait point fait d'exception pour les biens qu'il avait laissés à Wattrelos. Comme précédemment dans les affaires de ce genre, cet acte illégal avait amené une opposition de la part du bailli de Wattrelos, Adrien du Plouich, puis une assignation adressée à ce dernier pour comparaître au tribunal du lieutenant de Lille, une protestation de l'abbé-prévôt, du bailli, des échevins et des hommes de fief, enfin l'évocation de toute la cause du conseil de Flandre, où elle avait été portée, au grand conseil de Malines, en vertu d'un arrêt du 18 avril 1544 [1].

L'année suivante, une nouvelle saisie faite à Wattrelos, à la requête de Jossine de Stavele, avait été cause d'un nouvel appel, le 25 février 1545 [2].

---

[1] Arch. de la cath. de Gand.
[2] Arch. de la cath. de Gand.

La seignerie de Wattrelos est loin d'avoir perdu tous ses priviléges. En 1550, un habitant de Wattrelos, Robert Langlé, dit Laffole, ayant été accusé de falsification de monnaie et d'autres crimes, sa cause fut portée au conseil de Flandre pour le premier chef, qui était un cas exceptionnel; mais quand il en eût été absous, il fut renvoyé par devant les échevins de Wattrelos, pour être jugé sur les autres chefs [1].

En 1551, le seigneur exerce le droit de confiscation; Bastien Goddebray, ayant commis un homicide sur la personne de Dominique Cornard, le tiers de ses biens est partagé entre l'abbé Jean et Arnauld De la Chapelle [2].

En 1562, le gouverneur de Lille, ayant fait faire la visite et l'escouage des chemins dans la seigneurie exempte, ordre lui est donné de par le grand conseil de Malines de révoquer à ses propres dépens tout ce qui a été fait [3].

Mais c'est en vain que les seigneurs particuliers s'attachaient alors avec force à certains priviléges; la féodalité avait bien perdu et le pouvoir central prenait de jour en jour plus de force. Des mesures générales étaient prises qui s'étendaient à toutes les seigneuries sans exception; et Wattrelos figure, comme les autres villages moins privilégiés, dans les dénombrements pour l'assiette des impôts. C'est dire que ses habitants n'ont plus à payer leur seul seigneur; c'est dire aussi que le pouvoir de ce dernier est de plus en plus subordonné à celui du prince.

[1] Arch. de la Flandre orient. cas. 24, No 3. No 56.
[2] Arch. de la cath. de Gand. Ce fait est rapporté à l'an 1497, par M. Van Lokeren, hist. de Saint-Bavon, 2ᵉ part., p. 138.
[3] Arch. de la cath. de Gand.

L'autorité souveraine s'était du reste fait sentir sur toute l'abbaye de Saint-Bavon et avait amené sa complète transformation, au milieu du XVIe siècle.

Après neuf siècles d'existence, l'antique monastère de Bénédictins, fondé par saint Amand, avait été sécularisé le 31 août 1537 et érigé en chapitre. Luc Munich, promu à la dignité abbatiale deux ans auparavant, fut le dernier abbé régulier de l'abbaye et le seul abbé séculier du chapitre. Il eut la douleur de voir abattre son couvent qui fit place à une citadelle, élevée par Charles-Quint contre les gantois toujours rebelles (1540). Le chapitre de Saint-Bavon fut transféré dans l'église paroissiale de Saint-Jean, au cœur de la cité gantoise.

Le célèbre Viglius de Zuychem, président du conseil d'État, avait été désigné, le 20 mars 1556, comme coadjuteur et futur successeur de Luc Munich. Il lui succéda en effet le 18 janvier 1562; mais il n'eut que le titre de prévôt. Il le porta seul, la collégiale de Saint-Bavon ayant été érigée en cathédrale le 7 août 1561; il mourut le 8 mai 1577, un an après le premier évêque de Gand Corneille Jansénius (1568-1576). A dater de la mort de Viglius, le titre de seigneur de Wattrelos sera porté par l'évêque de Gand; mais les droits seigneuriaux seront dévolus, du moins en partie, aux chanoines de la cathédrale de Gand, que l'on trouve pour ce motif désignés sous le titre de seigneurs de Saint-Bavon.

Les changements opérés à Gand dans la qualité des personnes en possession du pouvoir seigneurial à Wattrelos ne doivent pas nous faire oublier le changement survenu dans la personne des souverains mêmes du pays. Or, depuis l'an 1529, la Flandre toute entière avait cessé d'appartenir à la France et Wattrelos, comme la châtellenie de Lille, ne relevait plus que du comté de Flandre, possédé dès-lors, sans l'obligation d'aucun hommage, par le puissant empereur Charles-Quint et par les rois d'Espagne, ses successeurs. Cet état de choses durera jusqu'à la conquête de Lille et de la Flandre française par Louis XIV en 1668. A partir de cette dernière époque, Wattrelos appartiendra à la France. Il lui sera enlevé quelque temps, lorsqu'en 1708, le pays sera repris par les armées coalisées ; mais il ne cessera plus de lui appartenir à partir de la paix d'Utrecht, en 1713.

CHAPITRE XX.

NOUVELLES HÉRÉSIES. — SAC DE L'ÉGLISE DE WATTRELOS.

L'érection de l'évêché de Gand ainsi que de tous les nouveaux évêchés des Pays-Bas, avait eu pour cause, on le sait, le progrès toujours croissant de l'hérésie dans les pays soumis à la domination espagnole. La châtellenie de Lille et Wattrelos en particulier, eurent à souffrir des fureurs fanatiques des nouveaux sectaires. Nous allons entrer dans quelques détails sur les événements accomplis tant à Wattrelos que dans les communes voisines.

D'après un auteur contemporain [1] dès l'an 1553, il y avait des hérétiques aux environs de Wattrelos, et le bourg de Tourcoing en particulier était alors « fort débauché et les hérésies y multipliaient; » mais un éloquent et vertueux missionnaire, le jésuite Bernard Olivier y prêcha à plusieurs reprises et y arrêta les progrès du mal. Les habitants de Wattrelos purent voir plus d'une fois les Tourquennois traverser leur village pour aller à Tournai entendre leur bien-aimé prédicateur, et l'on peut supposer sans témérité que plusieurs d'entre eux profitèrent aussi des leçons du vertueux prêtre que saint Ignace de Loyola avait envoyé dans la contrée [2].

[1] Le Père Eleuthère Dupont, mémoires inédits.
[2] Le Père Dupont cité plus haut et les notices biographiques sur Tourcoing, p. 48.

Quelques années plus tard, pendant les mois d'août et de septembre 1561, les calvinistes commencèrent à se réunir pour assister au prêche, dans les bois qui avoisinent Tournai; le soir ils revenaient en chantant, dans les rues de la ville, les psaumes de la traduction de Marot. A la même époque il y eut à Valenciennes des troubles sérieux. Dans la châtellenie de Lille, on vit la foule s'empresser pour entendre les prédications d'un ministre éloquent, Mathieu Launoi. Il était venu de France en 1562 et il parcourait les environs de Valenciennes, de Tournai et de Lille. C'était l'apôtre et le thaumaturge de la secte ; aussi une femme hérétique, étant devenue mère, à Tourcoing, de trois jumeaux, le consistoire lui déféra l'honneur de les baptiser. Pérencies et Quesnoy-sur-Deûle furent surtout le théâtre de sa gloire; il y exorcisa deux possédés et réussit, sans grand miracle, à les ramener à leur bon sens, car ils avaient été payés pour jouer le rôle d'énergumènes et le pauvre ministre, dupe de ses coréligionnaires, se convertit plus tard à la foi catholique, quand il eut appris comment on avait surpris sa bonne foi [1].

Cependant les prédications des sectaires produisaient, dans la châtellenie, de funestes effets. L'hérésie gagnait de proche en proche. Buzelin [2] cite, comme en ayant été particulièrement infectés, les bourgs ou villages d'Armentières, de Quesnoy, de Tourcoing, de Pérencies et d'autres localités dans la partie du pays qui va vers la Lys.

Pour ce qui regarde Wattrelos, nous ferons remarquer

---

[1] Van-der-Haer *de initiis tumultuum belgicorum* Id 2ᵃ p. 204-208.

[2] Annales Gallo-Fland, p. 522.

que son nom ne figure pas dans l'inventaire des papiers du conseil des troubles; mais parmi les hérétiques rebelles, qui furent plus tard exécutés à Lille, on en trouve deux de Wattrelos : Jean Melséant agriculteur, qui fut convaincu d'avoir hanté les prêches à l'époque des troubles, d'avoir servi de diacre dans la nouvelle église prétendue réformée, et d'avoir tenu des conférences avec les ministres et les consistoriaux dans le but de proclamer et de maintenir la nouvelle religion, les armes à la main; et Louis Deletombe, qui prit part à la dévastation des églises et fut du nombre de ceux qui brisèrent les saintes images [1].

L'an 1566 les prêches recommencèrent de plus belle. Dès le mois de mai il y eut des conventicules aux environs de Menin, de Bondues, du Vertbois et de la Gorgue. On y accourait armé de bâtons ferrés, de fourches et d'autres armes. A certains prêches le nombre des auditeurs s'élevait à deux, trois et même quatre mille. Le 28 juin eut lieu le premier prêche aux environs de Tournai. C'était près du pont d'Ernouville.

Le ministre Ambroise Wille y prêchait. « On y vit venir, dit un chroniqueur, une grande multitude de peuple tant de Tournai que des villages circonvoisins voire jusqu'au nombre de cinq à dix mille. » Le 30 juin, Pérégrin de

---

[1] Tiré du registre des sentences criminelles à Lille et inséré par M. le pasteur Ch.-L. Frossard, à la page 91 et à la page 98 de la chronique de l'église réformée de Lille, qu'il a intitulée : *l'Église sous la Croix*, comme si ceux qui abattirent partout la croix du Sauveur et se montrent les ennemis les plus acharnés de cette croix, pouvaient trouver place sous cet arbre de salut, à moins de se convertir. Puisse l'homme qui a écrit ce titre si peu juste rentrer un jour dans la vraie église par les mérites de Celui qui est mort sur la Croix!

la Grange, gentilhomme français prêchait à Pont-à-Rieu; il s'y trouva neuf à dix mille personnes tant de la ville que des villages circonvoisins. De semblables prêches eurent lieu dans le Tournaisis, les 3, 7, 11 et 14 juillet. Dans la dernière assemblée on compta « de 14 à 15 mille têtes » Les mêmes rassemblements avaient lieu dans la châtellenie de Lille. « Le 2 juillet 1566, disent d'autres mémoires, jour de la Visitation de Notre-Dame, fut fait pour la pre-première fois prêche à Bondues, en plein jour, ce qu'auparavant ne se faisait que de nuit. Le bruit courait qu'ils étaient bien 6 à 7,000 personnes [1]. » Le 13 août, il y eût à Roubaix un prêche, qui nous est connu par la condamnation d'un homme de Mouveaux, Jehan Delaoultre, dit grand *bouchier*, banni pour dix ans, parce qu'il y avait assisté vêtu d'une cotte de maille et armé d'un maillet de boucher. [2]

Le même jour au Trieu de Sin [3], à une demi-lieue de Baisieux, il se tint une réunion fort nombreuse, présidée par un prédicant fameux, nommé maître Cornille, il avait été maréchal-ferrant et son vrai nom était Corneille De Le Zenne. Il y eut pour l'entendre « beaucoup de peuple tant de Tournay, Lille, Lannoy, que des villages prochains, et

---

[1] Ms. de la bibl. de Lille, n° 273, cité par M. Leuridan, H. de l'égl. de S. M. à Roubaix, p. 250. D'après M. Derode et M. L. Dervaux, ce prêche aurait eu lieu en 1565 et aurait été suivi de la dévastation de l'église, ce qui est en contradiction avec l'ensemble des documents de cette époque et ne se trouve nullement dans le manuscrit de Toussaint Carette.

[2] Leuridan, ouvrage cité, pages 250, 252.

[3] La carte de Ferraris porte un Trieu entre Tressin et Chérang, à une forte demie lieue de Baisieux.

avec armes. » Ce fut dans cette assemblée qu'on décida qu'il fallait briser les images dans les églises des environs. On commençait à se compter et on allait bientôt se présenter par troupes armées, rangées en ordre de bataille. Aussi, vers ce temps-là, le ministre Ambroise Wille écrivait-il aux sectaires de Bailleul que leurs frères d'Armentières, d'Ypres, de Tourcoing et d'ailleurs s'amassaient en nombre et que l'on avait à s'armer et à s'équiper au plus tôt [1].

Les plus grands désordres éclataient partout presque en même temps. Dans nos environs les Gueux (c'est le nom qu'ils se donnaient) exercèrent leur fureur à Cysoing, à Bondues, à Loos, à Lannoy, à Lesquin, à Flers, à Wasquehal, à Marcq-en-Barœul, à Mouveaux, etc. Le 16 août le couvent de Marquette fut pillé et bouleversé de fond en comble. Le même jour des furieux se jetèrent sur l'église paroissiale de Tourcoing, y lacérèrent les tableaux, brisèrent les statues, et n'épargnèrent que deux figures de démons, sculptées sur la table des pauvres. D'après des informations portées à Tournai le jour suivant il en fut de même à Roubaix, à Leers et en d'autres endroits [2]. Wattrelos se trouve en quelque sorte désigné dans ce rapport et le registre des sentences criminelles à Lille le cite parmi les vingt-deux villages, où l'on fut témoin de ces tristes scènes [3]. Bientôt, ses habitants assisteront à un spectacle plus triste encore.

[1] Mém. de Pasquier de le Barre, 1re p., p. 48, 55, 58, 130, 95.
[2] Gachard, extraits des registres des consaux de Tournai, p. 187.
[3] Frossard, page 81.

CHAPITRE XXI.

DÉFAITE DES GUEUX A WATTRELOS.

D'après le célèbre historien Strada [1], ce fut le 22 décembre 1566, que les Gueux apparurent en armes. Il s'en trouvait quatre mille dans les environs de Tournai, sous la conduite du ministre Jean Soreau, et leur dessein était de surprendre la ville de Lille et d'y entrer mêlés à ceux qui reviendraient du prêche calviniste, pendant que le gouverneur serait occupé à poursuivre une autre troupe que l'on avait détachée pour faire diversion. Cette dernière, rassemblée surtout dans les environs d'Armentières, était venue s'établir à Marcq-en-Barœul. Elle était commandée par maître Cornille, qui, de maréchal-ferrant devenu ministre, aspirait maintenant au titre de capitaine et se donnait même comme général de la milice de Flandre. Mais le gouverneur de la Flandre-Wallonne, Maximilien de Gand, baron de Rassenghien, eut aussitôt connaissance de son arrivée et sans lui laisser le temps d'exercer aucune dévastation, il envoya contre lui une partie de la garnison de Lille et quelques bourgeois armés. La troupe de Cornille fut battue et mise en déroute au premier choc Un grand nombre d'hérétiques perdirent la vie. Privé de la plupart de ses gens, Cornille se retire à Quesnoy-sur-Deûle, où il

[1] De bello belgico lib. 6, édit. d'Anvers, 1640 p. 300 et suiv.

reste près de sept jours, pour y attendre des renforts de diverses parties de la Flandre. Il en vint un assez bon nombre de la West-Flandre et bientôt notre général improvisé se trouva à la tête de quatre cents hommes qu'il rangea en bon ordre et à la tête desquels il se dirigea vers Wattrelos. Si nous ne nous trompons pas, il y arriva le jeudi 26 décembre, et songea tout d'abord à faire de l'église et du cimetière une espèce de forteresse où il pût attendre l'ennemi de pied ferme. En vain le bailli et le curé, qui s'étaient renfermés dans la tour, firent leurs efforts pour empêcher les bandits de pénétrer dans l'église, ceux-ci en forcèrent l'entrée et se vengèrent du bailli en dévastant sa demeure. Après quoi ils entourèrent le cimetière d'un retranchement fait à la hâte, mais qui, comme nous le verrons, devait peu leur servir.

Les renforts arrivaient de tous côtés à maître Cornille. Les registres du conseil des troubles [1] contiennent la déposition d'un certain capitaine, nommé Jean Denys, d'après laquelle Jean Soreau aurait rejoint Cornille dès le jeudi soir. Quant à ce Jean Denys, il avait recruté en Flandre toute une compagnie qu'il commandait ; c'étaient des gens de Messines, d'Hondschote, de Poperinghe, qu'il avait convoqués dans ces localités au son du tambourin, et soudoyés avec de l'argent que lui fournissait un certain maître Pierre Dathin Il avait logé le mercredi à Tourcoing avec plus de 160 hommes, une vingtaine d'autres venus d'Ypres l'avaient rejoint à Wattrelos, et il en avait 184 sous ses ordres. La nuit du jeudi, se trouvant au lit

---

[1] Déposition du prisonnier Jean Denys, vol. XX, f. 156.

avec Jean Soreau et le ministre Cornille, il leur avait entendu lire une lettre apportée par un messager avant le jour, dans laquelle on leur disait : « Courage, courage, le sieur d'Escoubecque n'est qu'à trois lieues d'ici. »

Mais le sieur d'Escoubecque n'eût pas le temps de venir au secours des rebelles, car le gouverneur de Lille, ayant entendu dire que les sectaires flamands se dirigeaient vers Wattrelos, pour se joindre aux gueux rassemblés près de Tournai, réunit cinquante chevau-légers qu'il avait depuis peu sous ses ordres, et deux cents « gens de pied, » appartenant à la milice lilloise armés de fusils et commandés par Messire Ghislain de Haynin, chevalier, seigneur du Brœucq. Plusieurs gentilshommes de Lille et de la châtellenie se joignirent à eux. Rassenghien fait avancer sa petite troupe par des chemins de traverse, rencontre une troupe de sectaires à Croix dans un endroit propice, en tue un bon nombre et met le reste en fuite.

Les vaincus se retirent à Wattrelos où le baron ne tarda pas à les rejoindre. Retranchés, comme nous l'avons dit, dans le cimetière, ils résistèrent un moment en frappant de leurs piques et en lançant des traits, mais les catholiques les eurent bientôt repoussés, et franchirent l'obstacle. Alors ceux qui purent entrer dans l'église y trouvèrent un refuge pour quelque temps. Après l'avoir bien fermée et barricadée, ils se mirent à jeter des traits par les fenêtres et du haut de la tour. Rassenghien fit tous ses efforts pour en forcer l'entrée, mais il ne put y réussir. La multitude des assiégés fermait à l'intérieur toutes les issues de manière à les rendre impénétrables. La résistance dura quatre heures, alors on résolut de mettre le feu au toit et aux portes. Ce fut un triste spectacle, lorsqu'on vit la flamme s'attacher à la charpente et la consumer. La plupart des ennemis furent ou brûlés ou asphyxiés par la fumée, plusieurs se précipitèrent des fenêtres, du toit ou du clocher, les uns furent écrasés en tombant, les autres reçus à coups de piques par les catholiques. Il en périt ainsi jusqu'à cent cinquante, et ces malheureux, comme le fait remarquer Van der Haer, ne purent trouver un asile dans ces lieux augustes, dont ils avaient honteusement profané la sainte majesté par leurs abominations et leurs sacriléges. Il y en eut pourtant quelques-uns qui purent s'échapper à la faveur de la nuit et par l'entremise des gens de Wattrelos, car le gouverneur ayant fait, le soir, retirer ses troupes, on apporta des échelles, et quelques sectaires, les uns encore sains et saufs, les autres à demi brûlés purent se retirer en lieu sûr. Les catholiques fort heureusement n'avaient pas même perdu un seul homme ; ils s'en retournèrent à Lille triomphant et emportant avec eux les drapeaux et les armes des rebelles. Ce mémorable événement se passa le jour de la fête de Saint-Jean l'évangéliste, 27 décembre. Il laissa chez les habitants de Wattrelos une profonde impression ; et un demi-siècle environ plus tard, un vieillard, qui s'était trouvé là, en racontait au jésuite Buzelin divers épisodes [1].

[1] Voyez à la suite de cette histoire une dissertation en forme de note sur les détails de toute cette affaire.

CHAPITRE XXII.

COMBAT DE LYS-LEZ-LANNOY. — TRISTE FIN DE PLUSIEURS SECTAIRES

Deux jours seulement après la déroute de Wattrelos, le dimanche, fête de Saint-Thomas de Cantorbéry, 29 décembre, les Gueux essuyèrent une défaite plus considérable encore dont les habitants de Wattrelos purent être les témoins, puisque le combat fut livré en quelque sorte à la limite de leur territoire, au petit village de Lys, situé entre Lannoy et Wattrelos[1]. Jean Denys affirme même que « la plus grande troupe » des sectaires, se trouvait le samedi soir à Wattrelos, où lui-même se rendit après avoir couru de Wattrelos vers Messines, puis vers Tournai en voyageant toute la nuit. Parmi les divers détachements des rebelles qui s'y trouvèrent réunis, il en était un qui venait des environs de Tournai et s'était mis en route vers Wattrelos pour se réunir à la troupe de Cornille dont on ignorait la défaite ; un autre était formé des débris mêmes de la troupe mise en déroute le 27 par le baron de Rassenghien. La bataille de Lys fut gagnée par Philippe de Noircarme, vice-gouverneur du Hainaut. Il y périt quinze cents hommes du côté des rebelles.

Ce nouveau succès remporté sur les hérétiques eut un

---

[1] Nous en donnons le récit détaillé dans les appendices, à la fin de cette histoire.

grand retentissement et ne contribua pas peu au rétablissement du bon ordre dans le pays.

Tournai reçut une garnison catholique qu'y introduisit le seigneur de Noircarme. Dès-lors aussi les prêches publics cessèrent d'avoir lieu dans toute la châtellenie; et la gouvernante Marguerite de Parme eut la consolation de voir, dans les derniers temps de son gouvernement, les Pays-bas presque entièrement pacifiés.

Les débris de la troupe battue à Wattrelos et à Lys se dispersèrent de toutes parts. Peu de jours après, le 11 janvier 1567, on signalait une bande de ses fuyards à Steenwecke; et la gourvernance de Lille envoyait, pour les y saisir, le capitaine Charles avec sa compagnie, qui malheureusement ne les trouva plus. Tous pourtant n'échappèrent point à la vindicte des lois sévères de cette époque [1]. Un de ceux qui s'étaient signalés le plus à Wattrelos, Pierre Buuzer de Moerbeke, tailleur de son métier, périt à Ypres sur la roue, après avoir été fustigé quatre fois et rompu vif en sept endroits du corps (5 oct. 1568.). Le malheureux avait jusqu'au dernier soupir persisté dans ses erreurs [2]. A Lille on exécuta par la corde, en juin 1567, Pierre Honnoure dit l'Araigne, peigneur de saiette à Tourcoing, qui avait fait partie de la troupe de Wattrelos. Le 9 avril 1568, Jean Melséant de Wattrelos, dont nous avons déjà parlé, et Henri Baillet de Lille subirent le même supplice, pour avoir combattu dans les rangs hérétiques à la bataille de Lys-lez-Lannoy. Un des chefs de l'expédition, le fameux Cornille fut également pendu, à Liége, la même

[1] Geus. Fland. occid., pag. 62.
[2] Geusianismus p. 61.

année[1]. L'année suivante fut marquée à Wattrelos par l'arrestation du malheureux briseur d'images de cette paroisse, dont nous avons parlé plus haut. Louis de le Tombe avait été banni non seulement de la châtellenie; mais encore de tous les états de sa majesté catholique et avait eu de plus tous ses biens confisqués. Il eut l'imprudence de rompre son ban et de revenir dans sa patrie. Il y fut arrêté, mené à Lille et décapité le 12 mai 1569[2].

[1] Frossart, p. 85, p. 91, p. 95.
[2] Frossart, p. 98

CHAPITRE XXIII.

LES GUÉUX AU PONT DES MASURES.

L'arrivée du duc d'Albe en qualité de gouverneur (août 1567) et le départ de Marguerite de Parme avaient marqué une nouvelle époque de confusion et de désastres.

Un édit de proscription fut lancé par le duc d'Albe contre les auteurs des troubles et les hérétiques. Alors, dit un auteur contemporain,[1] « ceux qui dans la Flandre occidentale avaient pris part à la destruction des saintes images; ceux qui s'étaient armés pour la défense des nouvelles doctrines tant à Wattrelos qu'à Valenciennes, à Austruwel et en d'autres lieux ; ceux aussi qui avaient exercé quelque office dans le consistoire hérétique, ou fait des quêtes dans l'intérêt de la secte, se voyant déclarés coupables du crime de lèze-majesté, et à ce titre proscrits de leur patrie et forcés de fuir à l'étranger; s'ils ne voulaient se voir recherchés pour être livrés au supplice, se laissèrent aller à un sombre désespoir ; et dès lors on les vit, particulièrement ceux qui avaient peu de fortune, se livrer, en divers lieux, aux vols, aux sacriléges, au brigandage et surtout au meurtre des prêtres. »

On sait que ces misérables reçurent dans nos contrées le nom de Gueux de bois, bocqueteaux et hurlus. On voit

---

[1] Charles Winckius, prieur des dominicains d'Ypres dans son Geusianismus Fland. occid. ed. R. D. F. Van de Putte, p. 46.

encore près de Wattrelos, au milieu d'un bois, un monticule entouré de fossés, qui a conservé le nom de mont des hurlus.

Dans le courant de l'année 1568, on put croire un instant à Wattre... qu'on allait voir se renouveler les scènes de la Saint-Jean et de la Saint-Thomas de l'an 1566. On apprenait la formation d'une bande nouvelle divisée en deux colonnes et qui se proposait de piller Lannoy, Roubaix et Tourcoing. La première colonne s'étant présentée devant Lannoy, n'y fut pas mieux accueillie que la petite armée de Jean Soreau, deux ans auparavant. Les habitants, aidés des compagnies du serment, archers, arbalétriers envoyèrent aux Gueux une volée de flèches accompagnée d'une décharge de mousqueterie. Les Gueux y eurent dix-sept hommes de tués et plusieurs blessés et prirent la fuite vers Tournai.

Les bandits de la seconde colonne, qui devaient attaquer Tourcoing, s'étaient ralliés derrière le village de Wattrelos, pillant tout ce qui se trouvait sur leur passage et massacrant tous les prêtres qui tombaient entre leurs mains. Sept curés périrent dans cette circonstance. Ils se dirigèrent vers Tourcoing, lorsqu'ils virent venir à eux, au pont des Masures, le curé de Tourcoing à la tête de ses paroissiens avec croix et gonfanons. Cette vue les déconcerta et ils firent un mouvement rétrograde. Mais à ce moment même un coup de mousquet parti de leurs rangs frappa un ecclésiastique de Tourcoing qui tomba mort sur le pont. Les Tourquennois effrayés prennent la fuite, les Gueux les poursuivent et commencent à piller leurs maisons, mais à la nouvelle de l'échec subi par leurs confrères devant Lannoy et au bruit du tocsin que l'on sonnait dans tous les villages environnants, ils comprirent le danger qu'ils couraient et se retirèrent en toute hâte vers le Mont-de-Trinité[1].

Peu d'années s'écoulèrent avant que le territoire de Wattrelos se vit de nouveau souillé par la cruauté des sectaires. Cette fois encore ce fut un prêtre de Tourcoing qui succomba victime de leur méchanceté; et, au dire des historiens, c'est au même endroit qu'il fut frappé par une main sacrilége. Tourcoing avait alors pour curé un homme de Dieu, M° Pierre Famelart, dont le zèle ardent avait conservé la foi dans sa paroisse, où depuis longtemps l'hérésie cherchait à s'établir. C'était lui qui naguère conduisait au devant des Gueux ses paroissiens que malheureusement un coup de fusil avait mis en fuite[2]. C'était lui qui du haut

[1] Ce récit est tiré de Lebon, *Flandre Wallonne au XVI° et XVII° siècle*, p. 37 et 38. Nous ne le donnons que sous toute réserve, ne sachant à quelles sources l'auteur l'a puisé, et trouvant étrange qu'un fait semblable ait été complètement passé sous silence par Buzelin, qui avait eu sous la main un si grand nombre de documents. Il est aussi un peu invraisemblable que le curé de Tourcoing se soit avancé si loin et en tel appareil contre les ennemis. Nous savons de plus que M. Lebon a raconté d'une manière fort inexacte les deux affaires de Wattrelos et de Lys. Nous ferons pourtant remarquer que cet auteur « puise en général à des sources authentiques ». C'est la réflexion du savant abbé Van de Putte. De plus on sait par tous les historiens que, pendant les années 1568 et suivantes, des bandes de pillards parcoururent l'Artois et la Flandre et que le duc d'Albe avait recommandé que dans chaque paroisse on prît des mesures pour leur résister. Un fait, comme celui que rapporte M. Lebon, n'a donc rien d'invraisemblable. Le silence des historiens peut avoir plusieurs causes, comme par exemple le peu d'importance de cette défaite, et une certaine ressemblance avec celle de l'an 1566 qui aura pu les faire prendre toutes deux pour une seule et même action. Nous parlerons plus bas de la circonstance d'un autre ecclésiastique tué au pont des Masures, laquelle présente une certaine difficulté.

[2] Si le récit de l'expédition des Gueux contre Tourcoing en 1568 est authentique, il faut admettre que Pierre Famelart fut le chef de

de la chaire chrétienne faisait au vice et à l'erreur une guerre implacable.

Nous n'avons pas ici à raconter sa vie. Ce travail a été fait[1], nous dirons seulement que le saint curé passait souvent à Wattrelos pour aller à Tournai travailler à la conversion de quelques hérétiques sur lesquels il avait pris de l'ascendant par sa vertu. Depuis longtemps les Gueux en voulaient à ses jours et une fois déjà des assassins avaient pénétré dans sa demeure ; mais la vue du vénérable prêtre en prière leur avait fait en quelque sorte tomber les armes des mains. Un jour cependant qu'il revenait de la ville épiscopale, il fut aperçu par quelques-uns de ses ennemis, qui suivant la coutume des Gueux, erraient tout armés dans la campagne. Il était à peu de distance de la ferme et du pont des Masures. Les brigands se mettent en embuscade près de là ; au moment où il traverse le pont, un coup de fusil part, les compagnons du curé prennent la fuite, lui-même veut en faire autant, mais son cheval effrayé refuse d'avancer et bientôt il tombe sous le fer des sectaires. Des personnes pieuses vinrent peu après prendre sa dépouille sanglante et l'ensevelirent dans son église paroissiale, à la droite du maître-autel, où son corps fut trouvé sans corruption vingt ans plus tard.

la troupe pieuse qui marcha croix en tête au devant des ennemis; en effet tout ce que l'on raconte de ses travaux apostoliques ne permet pas de croire qu'il ait été deux ans seulement curé de Tourcoing.

[1] Voir nos notices biographiques, p. 73-88, et Buzelin aux passages qui y sont indiqués. Voir encore M. Destombes, vies des Saints, etc. du diocèse de Cambrai.

La date la plus probable de cet événement est le commencement de décembre de l'an 1571 [1].

[1] En lisant le récit de la mort de Pierre Famelart, tué au Pont des Masures, et en se rappelant la circonstance de cet autre ecclésiastique, tué deux ans auparavant précisément au même lieu, on est porté à se demander, s'il n'y a pas là quelque confusion et si des gens mal informés n'ont pas d'abord réuni deux événements que d'autres ont ensuite dédoublés de manière à donner à l'un les circonstances de l'autre. Une grande difficulté vient toujours de ce que M. Lebon n'a point indiqué sur quelle autorité il se basait. Remarquons pourtant que le récit de M. Lebon distingue le curé de Tourcoing conduisant ses paroissiens vers Wattrelos de l'ecclésiastique tué à l'entrée de cette paroisse, et que c'est sans raison aucune que M. Marissal a placé la mort de Famelart en 1568 et surtout dans la circonstance de l'attaque des sectaires. Mais comment se fait-il que le P. Buzelin, qui n'a point entendu parler de l'entreprise des sectaires contre Tourcoing en 1568, ait ouï dire à Tourcoing même que Famelart était mort en 1567, tandis que le P. Dumonin et Legroux le disent mort le 27 juin 1570 et le P. De-Wynck en décembre 1571. A notre avis, cette divergence dans les dates serait un indice qu'il y a eu en effet deux prêtres de Tourcoing tués par les Gueux, l'un en 1567 ou en 1568, l'autre en 1570 ou 1571. S'il est permis de hasarder des conjectures, nous dirons que l'on a indiqué au P. Buzelin la date du premier meurtre au lieu de celle du second, en même temps qu'on a évité de lui parler du fait peu honorable pour les Tourquennois de leur retraite en face des brigands. Quant à la circonstance du Pont des Masures, nous la croirions assez facilement introduite sans raison dans le récit de l'an 1568. Car pour le curé Famelart, c'est bien là qu'il a dû être attaqué. Le P. Dumonin, dans son récit fort détaillé, précise cet endroit et le P. Buzelin parle d'un pont. Quant au P. de Wynck, auteur contemporain et dont, à ce titre, nous adoptons la date, il ne contredit nullement les deux autres historiens quand il dit dans son récit succinct que Famelart fut tué *in campo*, c'est-à-dire dans la campagne.

CHAPITRE XXIV.

L'ÉGLISE DE WATTRELOS.

L'année 1566 avait été fatale pour l'église de Wattrelos; d'abord pillée par les sectaires, puis livrée aux flammes par les catholiques, qui y assiégeaient leurs ennemis, elle se trouvait encore, plus de trente ans après, en état de ruine. Aussi, le 31 mars 1597, l'évêque de Tournai, Mgr. Michel d'Esne, donna l'ordre d'écrire au bailli et aux échevins de Wattrelos, pour qu'ils eussent à prendre soin de restaurer « la nef de leur église renversée depuis le temps des premiers tumultes »[1].

Nous ignorons quand et comment on obéit aux injonctions de l'autorité diocésaine, mais, le 29 juin 1621, Mgr. Maximilien Villain de Gand consacra à Wattrelos quatre autels, celui du chœur en l'honneur de la Très-Sainte-Trinité, un autre en l'honneur de la sainte Vierge Marie, un troisième en l'honneur des patrons saint Bavon, saint Liévin et saint Maclou, un quatrième en l'honneur de saint Jean-Baptiste[2]. Un document de l'an 1615, cité plus haut,

---

[1] Arch. du royaume de Belg. Fvêché de Tournai, n° 272 et 252.

[2] Arch. du royaume de Belgique. Evêché de Tournai, n° 271 et 249. — On lit dans le registre moderne de la cure de Wattrelos, que « l'église actuelle est l'ancienne chapelle de St-Jean, après que l'église primitive eut été brûlée, » et c'est l'opinion commune à Wattrelos que l'ancienne église avec son cimetière se trouvait à la vieille place, où, dit-on, l'on découvre encore de temps en temps des ossements hu-

nous a appris que ce quatrième autel se trouvait à proximité du chœur. A l'occasion de cette consécration, l'évêque de Tournai administra le sacrement de confirmation et fit la visite de l'église, des fonts baptismaux, etc.

La première partie du XVIIe siècle fut pour l'église de Wattrelos une époque de restauration. Les curés paraissent s'y être employés avec zèle. A plusieurs reprises, on les voit solliciter et obtenir de l'évêché de Tournai la per-

mains. Selon cette opinion, après l'incendie de l'église en 1566, le service divin aurait été célébré dans la chapelle de St-Jean bâtie par l'abbaye de St-Bavon. Ce serait cette chapelle, à en croire la même tradition, qui successivement agrandie, formerait l'église actuelle. Nous voudrions bien être d'accord avec les habitants de Wattrelos, mais tant que nous n'aurons pas trouvé des preuves en faveur de leur opinion, nous nous refuserons à l'admettre, d'abord à cause du silence des nombreux documents consultés par nous et qui constatent la translation de la cure, mais nullement celle de l'église, silence d'autant plus étrange, qu'en 1597, on parle uniquement de la restauration de la nef du temple paroissial, sans aucune mention de la chapelle de St-Jean. Ensuite nous ne comprenons pas comment les seigneurs de la Tannerie, qui appartenaient à la paroisse de Wattrelos, mais sans relever de la seigneurie de St-Bavon, auraient fondé leur *cantuaire*, non dans leur église paroissiale, mais dans une chapelle appartenant à une seigneurie étrangère. Outre ces preuves qui ne sont pas purement négatives, il existe trois raisons beaucoup plus fortes, ce sont premièrement la situation de l'ancien presbytère bâti non loin de la cense de la mairie et par conséquent considérablement éloigné de la vieille place ; secondement, l'usage communément reçu dans les prieurés ruraux de placer la maison des religieux près de l'église. Or la maison des religieux à Wattrelos encore appelée la maison des messieurs de Saint-Bavon se trouve près de l'église. Troisièmement, dans le récit des troubles de l'an 1475, le cimetière, qui suivant l'usage du temps, devait se trouver attenant à l'église, est indiqué comme voisin de la maison du receveur. Or nous savons par un acte de location que les receveurs habitaient alors l'ancienne maison seigneuriale, située près de l'église actuelle.

mission de couper les arbres du cimetière dans le but d'en employer le prix pour procurer des ornements à l'église [1].

En même temps la dévotion des paroissiens prenait de nouveaux accroissements; c'est ce qui est attesté par l'érection de plusieurs confréries. Le 29 juillet 1634, les révérends pères dominicains de Lille furent autorisés à établir à Wattrelos la confrérie du Saint-Rosaire, avec les réglements ordinaires, sous la surveillance de l'évêque et la direction du curé.

Le 31 janvier 1656, Mgr François de Gand-Villain donna des lettres d'érection pour la confrérie de St-Blaise et en approuva les statuts, qui existent encore [2]. Ils nous apprennent que l'illustre martyr de Sébaste était invoqué pour les maladies de l'âme et du corps et spécialement pour l'esquinancie. Tous les ans, il y avait, le jour de St-Blaise, une messe solennelle, suivie d'une procession et l'on célébrait, un autre jour, un obit pour les confrères défunts. Le 15 mai 1668, on traita au vicariat de Tournai de l'érection de la confrérie de la Très-Sainte-Trinité à Wattrelos, à Roubaix et dans d'autres paroisses. La confrérie de St-Maclou ne fut érigée que le 25 octobre 1753 [3]. Saint Maclou, évêque d'Aleth [4], mort avant, vers la fin du VI siècle ou au commencement du VIIe et dont la fête se célèbre le 15 novem-

---

[1] 1634, 29 avril et 2 décembre, 1661, 25 janv. (Registre de l'évêché de Tournai aux arch. du royaume de Belgique).

[2] Arch. du royaume à Bruxelles.

[3] Archv. du royaume de Belg.; évêché de Tournai. N°s 272, 273, 274 et 253.

[4] Appelé aussi saint Machut et saint Malo, le même qui a donné son nom à la ville de Saint-Malo.

bre, était, depuis une époque fort reculée, le patron de la paroisse [1].

Les patrons de l'abbaye gantoise tels que saint Bavon et saint Liévin étaient aussi regardés comme les patrons de Wattrelos.

Deux baillis de Wattrelos méritent une mention toute spéciale pour le zèle qu'ils montrèrent à honorer le dieu caché qui réside dans nos temples. Le premier est Pierre de Bisschop, dont nous aurons à parler plus d'une fois encore. On lit dans son testament, écrit en son nom et au nom de sa digne épouse que les testateurs, « considérants, qu'ils ne sauroient avoir trop d'honneur, de respect et de vénération pour le Saint-Sacrement de l'Eucharistie, et désirant de pourvoir autant qu'ils peuvent de leur part à ce que, lorsqu'on va porter le viatique aux malades, le prêtre soit accompagné de quelques personnes de plus qu'à l'ordinaire, ils ont ordonné à ce qu'il soit pourvu d'un homme revêtu d'un surplis, ainsi que le prêtre, » ce troisième personnage, bien distinct du clerc, qui doit remplir son devoir à l'ordinaire « sans aucun divertissement » doit porter soit un flambeau allumé, soit une lanterne munie de deux chandelles, et suivre le prêtre jusque dans la maison du malade, quelqu'éloigné que soit l'endroit de la paroisse où le Saint=Sacrement sera porté et la nuit aussi bien que le jour ; une amende de trois patars lui est infligée s'il vient à faire défaut ; mais en revanche, une maison sur la place avec un bonnier de jardin est chargée de la rente nécessaire pour le payement de sa rétribution.

[1] Voir Legroux, la Flandre Wallonne, manus. de la bibl. de Lille, p. 292 et sa liste des saints honorés dans la châtellenie.

Le second bailli est Jacques de Bisschop, fils du précédent, qui, non content d'avoir fondé une messe hebdomadaire et un obit mensuel pour le repos de son âme, lègue une somme de mille florins à l'église pour l'achat d'une lampe d'argent, et une autre somme de quatre cent florins pour le luminaire et le salaire du clerc qui doit y veiller.

L'église possédait plusieurs terres spécifiées dans les dénombrements et les terriers. Elle avait aussi plusieurs rentes chargées de divers services religieux; si nous mentionnons celle de 50 florins fondée par Pierre de Bisschop et Anne Lezaire, c'est pour citer la phrase du testament qui énonce le motif de sa fondation. « Comme iceux testateurs, est-il dit, ont été longues années conjoints et qu'ils ont fait leurs prières dans l'église dudit Wattrelos, là où ils ont reçu la bénédiction du bon Dieu, etc. » Comme nous, nos lecteurs seront touchés de cette naïve expression d'une piété sincère.

C'est ici le lieu, croyons-nous, de donner une petite description de l'église actuelle.

Legroux disait au commencement du XVIIIe siècle en parlant de Wattrelos. « L'église est bien bâtie, avec une belle tour. » On ne parlerait plus peut-être ainsi de nos jours; c'est que les points de comparaison ne sont plus les mêmes. Des monuments s'élèvent de toutes parts aux environs et la population de Wattrelos n'est plus celle d'un village. On désirerait donc avec raison une église plus vaste et plus belle.

Mais nous sommes persuadés qu'autrefois les paroissiens de Wattrelos étaient fiers de leur église, dont l'aspect intérieur est fort satisfaisant et porte à la piété, surtout depuis les dernières restaurations dues au zèle du vénérable curé actuel M. Seingier. Néanmoins il faut dire avec les auteurs d'un rapport, adressé en 1815 à la préfecture. qu'elle n'offre rien de remarquable sous le rapport de l'art [1] Si nous osions hasarder quelque conjecture sur la date de sa construction, nous dirions que le chœur, bien qu'éclairé par des fenêtres à plein cintre, nous paraît la partie la plus ancienne et pourrait remonter au XVe siècle. Le maître-autel est encore dédié à la Très-Sainte-Trinité et l'abside est ornée de trois verrières modernes, œuvres de M. Bourlet de Lille, représentant l'enfant Jésus, au milieu des docteurs, le Christ laissant venir à lui les petits enfants, le Sauveur pleurant au jardin de Gethsémani. Les autels latéraux sont dédiés, celui du côté de l'évangile à la Très-Sainte Vierge, celui du côté de l'épître, à saint Jean-Baptiste. Cette partie de l'église est ogivale et pourrait être attribuée au XVIe siècle. La partie antérieure de l'église avec ses fenêtres à cintres surbaissés, nous paraît porter le cachet de la fin du XVIIe siècle. Deux chapelles s'y trouvent formant saillie à l'extérieur, elles sont dédiées l'une à saint Blaise, l'autre à saint Maclou. Ces deux saints s'y trouvent représentés dans des verrières. La tour qu'on aperçoit d'assez loin et dont la flèche frappe les yeux des voyageurs, entrant en France par le chemin de fer du Nord, porte la date de 1713. Elle est bâtie avec soin et offre un certain caractère; sa large masse carrée n'est pas sans quelque grandeur, mais elle manque d'élégance. On y voyait autrefois sculp-

[1] Si nous approuvons cette phrase du rapport, nous sommes loin d'approuver ce que l'on y dit « que l'église suffisante jusqu'alors pour la population, pourrait être agrandie par l'établissement de tribunes jusqu'aux chapelles latérales; » ce serait rendre cette église tout-à-fait difforme.

tées sur la pierre les armes du seigneur de Wattrelos ; il est fâcheux qu'on les ait fait disparaître.

Après avoir parlé du clocher, qu'on veuille bien nous permettre de dire quelques mots des cloches. Wattrelos en acquit un assez grand nombre vers la fin du XVIIe siècle. En effet Mgr François de Gand-Villain, passant en 1663 par le vi.lage, y bénit, le 24 février, dans la nef de l'église sept cloches, portant les noms de Maria, Malcutus, Bavo, Blasius, Josephus, Anna, Petrus. Il fut de même question de bénir des cloches à Wattrelos le 30 avril 1669, le 6 novembre 1675, et le 1er octobre 1679. A cette dernière date, le curé de Wattrelos recevait pour la seconde fois l'autorisation de faire le baptême d'une cloche et il s'agissait de celle que Wattrelos possédait encore, il y a quelques années, et qui figurait au premier rang[1]. Elle portait une inscription latine destinée à faire connaître à la postérité qu'elle avait été fondue sous la prélature de Mgr Ignace de Grobbendonck, évêque de Gand, par les soins du chapitre de l'église cathédrale exempte de St-Bavon à Gand ; M. Michel Albert de la Haie, bachelier en théologie, étant curé et M. Pierre de Bisschop, étant bailli et receveur de Wattrelos. Elle était sortie du moule à Lille, dans l'atelier de Jacques Segent, l'an 1679. Le blason de Mgr de Grobbendonck y figurait avec l'invocation à la Sainte-Vierge : « Monstra te esse matrem. » Cette cloche, dépouillée de ses accessoires, fut pesée le 16 novembre 1860 ; on lui trouva 1880 kilogrammes. Nous apprendrons ce qu'elle est devenue par l'inscription suivante, qui se lit aujourd'hui sur la cloche

---

[1] Archiv. du roy. de Belg , évêché de Tournai, N°s 273, 254.

principale : † J'ai été refondue en 1860 sur la décision du conseil de fabrique de l'église paroissiale de Wattrelos; étaient marguilliers MM. Fourlinnie-Dupré, président. † Mulliez-Derumaux, trésorier ; Dupire-Selosse, Jean-Baptiste Delcroix, d'Halluin-Delanglez, Castel-Dujardin, Philippe Bayart, Pierre Droulers et Louis Meurisse.

† J'ai eu pour parrain M. Denis Pollet, maire de la commune, et pour marraine Mlle Augustine Droulers. M. Jean-Baptiste Seingier, curé de la paroisse depuis 28 ans.

On y voit en outre les images de la sainte Vierge et du patron de l'église avec les invocations : *Monstra te esse matrem*, et : *Beate pater Maclovi, ora pro nobis*.

Trois autres cloches portent les inscriptions suivantes :

La première: M. Constantin J. Droulers, maire, époux d'Angélique Pau, est mon parrain, et dame Félicité Dujardin, ma marraine, mon nom est Félicité. Était curé L.-J. Carette, M. Staumont vicaire. Nous avons été fondues en 1822, par Druot frères, pour Wattrelos.

La seconde: M. Deplasse, électeur, est mon parrain, et dame J. A. J. Laloy, ma marraine. Mon nom est Julie, etc. Au-dessus est écrit: Henri Lamblin, brasseur.

La troisième : M. Eugène Thiers est mon parrain, et dame M. C. N. D. E. J. Desurmont est ma marraine, mon nom est Louise, etc.

Au dire du fondeur, ces trois cloches pèsent 2,100 kilogrammes

Six cloches anciennes sont restées au carillon: la première et la seconde furent fondues en 1662 par maître Jacques Lefebvre; la 3e, la 4e, la 5e et la 6e furent léguées par maître Jacques Baven, en son vivant doyen et chanoine du vénérable chapitre de Chimay, décédé le 10 septembre 1709. Elles furent fondues au mois de mai 1710 [1].

On trouve aussi dans les registres de la mairie de Wattrelos, que le 24 février 1767, on fit un accord avec Denis-Joseph Vandale, fondeur à Tournai, au sujet de la seconde des grosses cloches, et de la seconde du petit « treple. » M. Bonnet, curé-doyen de Tourcoing, fut député le 2 juin pour les bénir [2].

On célèbre à Wattrelos deux fêtes patronales ou dédicaces ; la première le dimanche avant le 24 juin, fête de Saint-Jean-Baptiste, en souvenir de la chapelle de Saint-Jean ; la seconde, le 8 septembre, fête de la Nativité de la Sainte-Vierge ; ce qui semble se rapporter à la chapelle de Notre-Dame, mais pourrait être aussi le jour de la consécration de l'ancienne église paroissiale [3].

L'église est le seul grand édifice religieux de la paroisse, mais on y rencontre sur les chemins plusieurs de ces petites chapelles, qui témoignent de la piété des habitants. L'image du Sauveur des hommes s'élève au Crétinier et près de la ferme Lorfèvre ; la Sainte Vierge a des statues sur la place, au Plouy, au Bas-Chemin et à la ferme des Masures ; enfin, la chapelle de Saint-Liévin semble avoir donné son nom à un hameau de la commune.

Wattrelos a été visité plus d'une fois par les évêques diocésains. Nous avons mentionné les visites de Mgr Maximilien de Gand-Villain et de son neveu François, en 1621 et 1663. En 1676, Mgr Gilbert de Choiseul du Plessis-Praslin,

---

[1] Regist. de la cure de Wattrelos.
[2] Archiv. du roy. de Belg.; évêché de Tournai, N° 274.
[3] Camerac. christianum, par M. Le Glay, p. 481.

y donna la confirmation le 27 et le 28 juin. En 1686, ce sacrement fut encore administré à Wattrelos par le même prélat[1]. De même en 1723, il le fut par Mgr Jean-Ernest, comte de Lœwenstein, et en 1785, le 22 juillet, par Mgr le prince de Salm-Salm. Mgr Giraud et Mgr Renier ont aussi honoré Wattrelos de leur présence.

[1] Le registre contenant les noms des confirmés (archives de Wattrelos) nous apprend que les enfants de Wattrelos furent confirmés à Tourcoing le 21 avril 1693, par Mgr Caillebot de la Salle; en 1713, au château de Hem, par le prince de Lœwenstein; vers 1734, à Tourcoing et à Roubaix ; en 1735 et en 1742, à Roubaix ; en 1750, à Lannoy, Roubaix et Tourcoing, par le comte de Salm ; en 1756 et 1763, à Roubaix ; en 1775 aussi à Roubaix, par l'évêque d'Ypres.

CHAPITRE XXV.

LA CURE ET LE PRESBYTÈRE DE WATTRELOS.

Pendant bien des siècles, un seul prêtre, le curé, resta chargé de l'administration de la paroisse de Wattrelos. Encore le titulaire de cette cure ne fut-il pas toujours résidant; un vice-curé tenait sa place. C'est ce qui est certain pour une partie du XVe siècle [1]. La fondation de la chapellenie de Saint-Jean-Baptiste, appelée aussi le cantuaire de la Tannerie, procurait aux paroissiens l'avantage d'une seconde messe le dimanche et les autres jours.

Cependant, en 1622, on sentait à l'évêché de Tournai la nécessité pour Wattrelos d'un second prêtre, occupé aux fonctions du saint ministère, et le 17 janvier de cette année, ordre fut donné au pasteur « de se procurer, pour le temps pascal qui était proche, un chapelain capable et en état d'entendre les confessions, d'administrer les sacrements et de l'aider dans les devoirs de sa charge, attendu, porte l'acte du vicariat, qu'il y avait à Wattrelos des biens tout-à-fait suffisant pour l'entretien d'un chapelain, et qu'il se trouvait une chapellenie fondée dans son église. » En conséquence de cet ordre, le pasteur et le bailli comparurent au vicariat et y exhibèrent l'acte de fondation de la chapellenie ou cantuaire. On décida que six semaines seraient accordées au chapelain, nommé

[1] Arch. de l'évêché de Tournai. Rapports des doyens de Helchin.

Jean, pour quitter le diocèse et chercher ailleurs une position, et qu'ensuite le bailli et les échevins feraient choix d'un prêtre apte à administrer les sacrements, lequel ils présenteraient à l'évêque.[1]

Le chapelain de Saint-Jean-Baptiste dut dès-lors exercer les fonctions de vicaire dans l'acception moderne du mot.

Pourtant, lorsqu'en 1755, le 13 décembre, on conféra la charge de chapelain à M. Pierre-Étienne Jonville, on ne fit mention dans le procès-verbal que de l'obligation, pour ce titulaire, de dire la messe les dimanches et fêtes, à huit heures en hiver et à sept heures en été, les autres jours à l'heure qui lui agréerait. Il recevait, en conséquence, 360 florins par an, payables par le receveur de la chapelle, et avait la jouissance d'une maison et d'un jardin, à charge de les entretenir comme usufruitier.[2]

Nous trouvons encore au XVIIe siècle (28 avril 1625), la mention d'une autre chapellenie dite de la Sainte-Trinité, dotée de deux bonniers au rapport annuel de 38 florins, et emportant l'obligation d'un certain nombre de messes à célébrer le dimanche. Le bailli Desmettre demanda pour un prêtre voisin de Wattrelos la permission de biner, afin de décharger lesdites messes. L'autorité diocésaine ne crut point devoir accorder ce privilége, par le motif qu'une autre fondation, celle de Saint-Jean-Baptiste, procurait aux paroissiens l'avantage d'une seconde messe; mais elle permit, à cause de l'exiguité des revenus, de faire célébrer les messes fondées aux jours ordinaires[3].

[1] Arch. du roy. de Belg., évêché de Tournai, N° 271, p. 183, 185, et N° 252 aux dates indiquées.
[2] Archiv. de Wattrelos, regist. des contrats. 1755, fol. 241.
[3] Arch. du roy. de Belg., évêché de Tournai, N° 271 et 253.

L'église de Wattrelos n'avait encore que deux prêtres à la fin du XVIIIe siècle, lorsque le bailli Pierre de Bisschop, ayant résolu de fonder un hospice à Wattrelos, désira que le chapelain de cet établissement fut en même temps attaché au service de la paroisse. C'est pourquoi il déclara, en faisant l'assignation des biens qu'il cédait à la bonne œuvre, que c'était, en partie du moins, « pour la nourriture et la demeure d'un troisième prêtre à l'église, pour décharger les obits et messes déclarés par icelui fondateur, et assister le pasteur aux jours d'attaux et solennels, et administrer les sacrements pour la commodité du peuple. »

Quelques années après, il sollicita la faveur d'unir à sa fondation la chapellenie de Notre-Dame. C'était un bénéfice simple, d'un revenu fort mince, dont un titulaire, Antoine de la Dessoubz a figuré dans cette histoire ; ceux qui le possédaient ne résidaient même pas pour l'ordinaire à Wattrelos[1]. L'évêque de Gand, qui en était patron, accéda à la juste demande du bailli, et l'évêque de Tournai ordonna, le 13 février 1680, qu'on expédiâ les lettres en forme de ladite union[2].

Legroux, qui écrivait dans la première moitié du XVIIIe siècle, dit qu'il y a à Wattrelos un vicaire paroissial ; et le curé F.-J. Maudoux, dans un rapport sur l'état de la cure en 1745, se disait exempt de payer les vicaires. Il ne s'agit là, paraît-il, que des chapelains nommés plus haut. Mais dans les actes de l'état-civil de la fin du XVIIIe siècle, on

---

[1] En 1592, le curé de Roubaix, Pierre Prevost, possédait ce bénéfice, et était tenu, de ce chef, à une messe par semaine.

[2] Archiv. du roy. de Belg., évêché de Tournai, N° 273 et autres.

trouve à Wattrelos, trois prêtres, outre le curé ; deux conservent le nom de chapelain, le troisième porte seulement le titre de vicaire, et c'est ce fonctionnaire ecclésiastique qu'indique le curé L.-F. J. Carette dans son rapport du 30 mars 1788, lorsqu'il dit que les Messieurs de Saint-Bavon sont tenus de payer le vicaire.

De nos jours, la cure de Wattrelos est de seconde classe, mais il ne s'y trouve que deux vicaires rétribués sur les fonds du trésor public. Le premier fut établi à l'époque du concordat, le second le 24 mars 1837. Un troisième vicaire est entretenu depuis 1859 par la fabrique. On doit reconnaître que cela est bien insuffisant. Il serait même fort à désirer qu'on y établit plusieurs paroisses.

L'ancienne habitation du curé de Wattrelos située, au XIIIe siècle, près de l'Atre, s'élevait, d'après les documents du XVIe siècle, « le long du chemin royal » qui conduit de la place de Wattrelos à la ferme de la mairie, sur un terrain de trois cents de terre, dépendant du fief de la mairie, et chargé vis-à-vis du seigneur de ce fief d'une rente annuelle d'un chapon et de trois sous. L'édifice en était considérable et digne de la riche abbaye, dont dépendait la paroisse. Mais par suite des combats dont Wattrelos fut le théâtre, il avait été presque entièrement renversé. Le curé l'abandonna, vers l'an 1580, voulant se trouver dans un endroit plus sûr et moins exposé aux courses des ennemis, et alla se loger dans une maison située sur le chemin menant de la nouvelle place à la vieille. Elle appartenait à la chapelle de Saint-Jean-Baptiste, et servait de demeure à son chapelain. Ce dernier, de son côté, se retira au presbytère ruiné, qui put lui servir de demeure vu que, d'après le rapport du curé Antoine Descamps, en 1663, la partie qui restait avait été « faite en forme de maison.[1] »

Les trois cents de terre connus sous le nom de *Jardin de la Cure*, restèrent la propriété des curés jusqu'à ce que l'un d'entre eux en cédât au chapelain une partie double du terrain qu'occupait l'ancienne demeure de ce dernier. Il ne resta plus à la cure que 180 verges environ, et le bâtiment restauré prit le nom de *Capellerie*. Si nous ne nous trompons pas, la demeure du bénéficier de Saint-Jean, renouvelée sans doute dans la suite, fut vendue en 1792, et subsiste encore aujourd'hui[2].

Quant au nouveau presbytère, il fut agrandi et embelli par les divers pasteurs qui l'occupèrent. Le curé Pierre De le Sart disait, en 1642, y avoir dépensé plus de 500 florins. Son successeur, Jean De la Haye, leva 1,000 florins pour construire un grenier et réparer tout l'édifice. Plus tard, au XVIII° siècle, cette maison fut abandonnée et servit à l'agrandissement d'une nouvelle école dite de Saint-Charles, qui avait été établie tout à côté. Un troisième presbytère fut construit par les chanoines de Saint-Bavon[3], « sur un nouveau fonds plus commode de 200 verges[4], » dit le curé F.-J. Maudoux, en 1745.

[1] Rapports des curés de Wattrelos à l'évêque de Tournai. Archiv. du roy. de Belg., évêché de Tournai, N° 239.

[2] Registre de la cure de Wattrelos.

[3] Archiv. du roy. de Belg., évêché de Tournai, N° 273. On trouve, dans le registre précédent, la permission donnée à Pierre De le Sart pour lever semblablement 350 florins, en obligeant les biens de la cure et à condition de restituer la somme susdite dans les 16 ans; le curé De la Haie eut 20 ans pour restituer les 1,000 florins levés aux mêmes conditions,

[4] Archives du département du Nord.

Outre le *jardin de la cure*, les pasteurs de Wattrelos possédaient au XVIe siècle et conservèrent jusqu'à la révolution deux cents de terre à labour attenant à un terrain couvert d'arbres, appelé au XVIe siècle, le bois d'Antoine Bataille et plus tard le bois de St-Liévin. Ces deux cents de terre étaient tenus féodalement des seigneurs de St-Bavon, qui y percevaient le droit de terrage. Des mêmes seigneurs relevait un autre cent de terre enclavé dans cinq autres cents qui appartenaient à la chapelle de Notre-Dame. La redevance féodale due par le curé ne s'élevait qu'à environ un denier de rente annuelle [1].

Quant à ce qui regarde la dîme, premièrement le curé de Wattrelos percevait la centième gerbe dans toute l'étendue de la paroisse, sauf sur 20 à 26 bonniers, appelés les francs-fiefs et appartenant aux seigneurs de Saint-Bavon. Le curé Jacques De le Court confessait qu'aucun de ses prédécesseurs n'y avait perçu la dîme. Il voulut la revendiquer, mais le conseil du roi en Flandre, par arrêt du 5 août 1622, donné à Gand, maintint le chapitre dans sa possession [2]. En second lieu le curé avait droit à la trentième gerbe sur les *novales*, ou terres qu'on avait commencé à labourer postérieurement. Cette dîme *novale* fournit matière à un long procès, qui surgit entre le chapitre de la cathédrale de Gand et le curé Pierre De le Sart. Les seigneurs de Saint-Bavon prétendaient à deux gerbes sur cent, n'en laissant qu'une au curé, mais le dernier s'était fait adjuger les trois gerbes par une sentence de la gouvernance de Lille confirmée par le conseil de Flandre.

---

[1] Rapport des cures. Terrier de Wattrelos de 1778.
[2] Archiv. de la Cath. de Gand.

En 1642 le chapitre était en appel de ce jugement. Le procès dura plus de cent ans et ne se termina que le 11 février 1745, au moyen d'une convention conclue entre les chanoines et le curé, approuvée le 16 du même mois par l'évêque de Tournai et le 24 suivant par le parlement de Douai. Cet acte enlevait au curé la centième gerbe et la dîme novale et lui donnait en échange la liberté d'opter entre une pension de 1500 livres parisis [1] et toute une partie de la grande dîme autrefois appelée *la branche du Sartel*, et aussi *la branche du Sartel et Paradis*, plus un supplément de 117 livres parisis, 17 patars, 3 deniers. F.-J. Maudoux avait choisi la pension à cause de la guerre qui était imminente, mais son successeur restait libre de faire une nouvelle option.

Le rapport du curé De le Court mentionne encore la trentième toison, en nature ou en numéraire, pour les agneaux et les porcs. Sous ce même curé (1622), il y avait des obits fondés pour la valeur de 50 livres parisis [2].

Nous avons parlé d'une de ces fondations faite l'an 1520. L'histoire de Roubaix [3] en mentionne une autre de 24 sous de rente faite moitié à l'église de Roubaix, moitié à l'église de Wattrelos à charge d'un obit annuel pour l'âme de messire Jacques Descamps, curé de Roubaix.

---

[1] D'après Legroux (Fland. Gallic, mss. de la bibl. de Lille), à Wattrelos, « les chanoines de Gand sont décimateurs. Le curé a droit d'une gerbe, mais il reçoit par accord 600 florins en la place et pour ses novales. » Dans les manuscrits de la Bibl. des archiv. du département du Nord on lit : « La cure est à la portion congrue de 600 florins carolus à la collation de l'évêque de Gand. »

[2] Archiv. du roy. de Belgique, évêché de Tournai, N° 239.

[3] Tom I, p. 176.

La cure de Wattrelos devait chaque année, à la fête de St-André, 30 novembre, une redevance de trois rasières et demie d'avoine, mesure de Tournai, à l'évêque du diocèse *pour sa soignie,* ou droit annuel dû par toutes les paroisses indistinctement. Le curé n'en payait qu'un tiers, ce qui faisait monter son contingent à 9 patars, les deux autres tiers étaient à la charge des seigneurs et patrons du village et de l'église.

CHAPITRE XXVI.

ADMINISTRATION DES BIENS DE LA SEIGNEURIE DE WATTRELOS, DEPUIS LA SÉCULARISATION DE L'ABBAYE DE ST-BAVON, ET L'ÉRECTION DE L'ÉVÊCHÉ DE GAND.

Ainsi qu'on l'a vu plus haut, ce n'était plus l'abbé de St-Bavon, c'était l'évêque de Gand qui, à partir du XVIe siècle, portait le titre de seigneur de Wattrelos, comme il portait celui du comte d'Everghem, de seigneur de Loochristi, de Wondelghem, de Sleidinghe, de St-Liévin-Houttem et de neuf autres villages considérables de Flandre. Cependant les droits que nous appellerons volontiers les droits utiles avaient été dévolus au vénérable chapitre de l'église cathédrale de Gand, immédiatement soumis au Saint-Siége.

Les droits féodaux proprement dits restèrent le partage du seigneur évêque qui les exerça jusqu'à la révolution française (1789). Les archives de la cathédrale de Gand ne renferment plus sur cette époque qu'un nombre de pièces assez restreint et d'un moins grand intérêt. Ne nous en étonnons pas, la féodalité tend de plus en plus à disparaître. Une rapide analyse des documents qui concernent cette époque, suffira pour que nous ayons une idée assez exacte des rapports qui existèrent pendant trois siècles entre Gand et Wattrelos. Nous parlerons d'abord de ce qui regarde les revenus.

Dans plusieurs pièces déjà citées, nous avons rencontré le nom des receveurs de la seigneurie. Cette charge n'avait rien perdu de son importance. Aussi voyons-nous que l'on choisit comme receveurs des hommes qui semblent donner toutes les garanties désirables. Le 18 juin 1568, l'abbé-prévôt, Luc Munich, afferme la recette, administration et intendance de la seigneurie à Baudouin Cuvillon, licencié es-droits et avocat postulant au siège de la gouvernance de Lille et des personnages recommandables, tels que Jacques de Tenremonde, seigneur de Blanchemaille, D^{lle} Jacqueline Ranvet et Me Pierre Cuvillon, greffier de la gouvernance de Lille [1] se constituent pleiges et cautions du nouveau receveur.

Le 6 avril 1576, Jacques du Cellier donne pour cautionnement de son office de receveur diverses rentes s'élevant à 7 livres dix sous de gros par an. Mais les temps étaient mauvais et le 26 juin 1581, les chanoines dispersés à Mons, Douai et Courtrai se virent forcés de recourir à Philippe II et en obtinrent des lettres de commandement pour contraindre l'ex-receveur fugitif et latitant dans l'hôpital de Lille à leur payer la somme considérable de 14,041 livres 13 sous 7 deniers parisis, qui leur était due sur ses recettes; il y eut en conséquence saisie et prise de corps le 17 juillet 1581 [2].

De 1597 à 1603, Pierre Meulemans figure dans plusieurs pièces, tantôt comme remboursant le capital de plusieurs petites rentes hypothéquées sur les biens de Wattrelos, tantôt comme cédant au chapitre une maison à Wattrelos,

---

[1] Archiv. de la cathéd. de Gand.
[2] Archiv. de la cathéd. de Gand.

tantôt comme ayant à lui payer les sommes de 9,000 livres parisis, ou de 4500 florins, 20 patars. A la même époque, en 1590, sans que nous sachions pourquoi ni comment, le receveur du marquis de Roubaix, Jacques De la Haie, est aussi reconnu comme receveur de la seigneurie. Dans les derniers temps, les baillis, tels que Pierre de Bisschop et J.-B. Lefèvre, exercèrent les fonctions de receveur. La famille Lefèvre de Tourcoing, qui paraît originaire de Wattrelos et dont le nom a été porté par des hommes éminents[1], jouissait de toute la confiance du chapitre et de l'évêché de Gand et se trouvait chargée tout particulièrement de veiller à leurs intérêts.

Plusieurs fois le chapitre devra avoir recours soit au conseil privé du roi, soit au conseil de Flandre pour contraindre les gens de Wattrelos à payer leurs diverses créances, ainsi que les rentes, censes et dîmes de la seigneurie (20 avril 1583, 19 mars 1588); et il désignera lui-même ses délégués pour y aller percevoir les dîmes[2] (13 mars 1588). Cet usage se conservera jusqu'à la fin du dernier siècle, comme le souvenir en est resté à Wattrelos jusqu'à ce jour. A diverses époques des lettres de terrier seront obtenues soit des rois d'Espagne, soit des rois de France[3], pour reconnaître exactement à quelles redevances, de quelque genre que ce soit, sont soumis les vassaux et les fermiers de St-Bavon dans la châtellenie de Lille (25 février 1588[4], 1703 et 25 août 1764.)

---

[1] Voir dans nos notices biographiques de Tourcoing, Jacques Lefèvre, dominicain, et Jacques Lefèvre, prêtre séculier.
[2] Archiv. de la cathéd. de Gand.
[3] Ibid.
[4] Ibid.

On peut lire dans les registres conservés à la mairie de Wattrelos les « conditions auxquelles sont affermées les dîmes de Wattrelos, avec ce qui s'étend sur la paroisse d'Etaimpuis, de la part de l'illustrissime et révérendissime évêque de Gand et des révérends prévôt, doyen et chapitre de Gand pour l'année et dépouille 1764, en ce compris la dîme du sieur Pasteur, par les administrateurs du chapitre [1]. »

On y verra que les diverses branches de la dîme, en d'autres termes les districts de la paroisse ont leurs *tourneurs*, c'est-à-dire des espèces de surveillants jurés lesquels doivent prêter « serment de tourner et dismer toutes les avestures de leurs branches respectives selon les Briefs et tenir les droits des adjudicataires desdites branches et ceux des occupeurs » et aussi ceux des seigneurs de Saint-Bavon.

De temps en temps le chapitre de Gand faisait dresser le *terrier* ou « brief cartulaire des rentes seigneurialles, dixmes, terrages, reliefs et autres droits dûs à la terre, fief, et seigneurie de Wattrelos. » Cette opération eut lieu en 1646 par les soins de Jean de Bisschop, bailli et receveur de Wattrelos et en 1715, par le ministère d'Adrien Monnier, notaire royal et greffier de Roubaix.

Nous avons consulté le beau terrier achevé en 1778, en vertu des lettres de 1764, par Jacques-Joseph Piat et son fils Louis-Joseph tous deux notaires royaux et greffiers de Wattrelos [2]. Le premier chapitre qui concerne la seigneurie de Wattrelos contient 1585 numéros. La carte correspondante au terrier et dressée dès l'an 1730 par Simon

---

[1] Archiv. de Roubaix.
[2] Arch. de la cath. de Gand.

Bœuf, juré, demeurant à Herlies, comprend 1959 parcelles de terrain numérotées.

Le terrier contient un second chapitre de 35 numéros pour les rentes dues aux chanoines par « des héritages gisans en la paroisse d'Estainpuis tenus de monsieur le baron de Nevele à cause de sa seigneurie d'Estainpuis, » plus un troisième chapitre pour les rentes seigneuriales que l'on percevait à la Magdeleine et à Marcq-lez-Lille. Une carte spéciale dressée en 1770 par Joseph Lutun existe pour cette partie, et une autre, œuvre de Pierre-Joseph Bœuf en 1759, pour le Hamel d'Ennetières, mais cette dernière localité n'est pas inscrite au terrier.

On retrouve du reste dans ce précieux document bien des vestiges de ce qui se pratiquait au XIIIe siècle. Les rentes consistent en razières, havots, hotteaux, quarels, douzièmes de quarel, et francqt de froment, d'avoine, d'avoine velue, de pois et de fèves, [1] mesure de Tournai, ou de Courtrai et quelquefois à caucq ; en livre, sous, deniers, obol., parties, soit parisis, soit tournois, enfin en gelines ou chapons. Les époques des paiements sont « à la chandeleur, au mi-mars, à la Saint-Martin, au Noël. » Outre les fiefs, on distingue les terres à dîme, à terrage, et à happe. [2] Les terres novales sont plus d'une fois mentionnées comme d'anciens bois.

Quant aux possesseurs, outre les chanoines de Saint-Bavon restés propriétaires fonciers d'une partie du village,

---

[1] Au marais d'Estaimpuis.

[2] C'est-à-dire celles dont une partie doit la dîme et une autre le terrage sans qu'on puisse préciser la portion soumise à une de ces deux redevances en particulier.

celle que les anciens moines avaient probablement cultivée jadis par eux-mêmes, et qui n'était pas chargée des mêmes redevances, nous mentionnerons l'évêque de Gand devenu, par suite d'une confiscation, propriétaire d'une partie des terres du fief de la Bourde, pour lesquelles les rentes seigneuriales sont mentionnées, aussi bien que pour les terres acquises postérieurement par le chapitre à des particuliers. Nous indiquerons encore, à Wattrelos même, l'église, la cure, les chapelles de la Trinité, de Notre-Dame et de Saint-Jean, les pauvres et la fondation des Vieux-hommes, puis, au dehors, les bons enfants et le petit chapitre de Tournai, les dames de l'Abbiette et les pauvres de Saint-Sauveur à Lille, les religieuses de N.-D. des Anges, la fondation du bouillon des pauvres malades dite les dames de charité et la chapelle « des Marlières » à Tourcoing, l'église, la chapelle du Saint-Sépulcre, et l'hôpital de Sainte-Élisabeth à Roubaix, les jésuites de Courtrai, les croisiers de Lannoy, la chapelle de Saint-Nicolas à Saint-Amand et l'église d'Estaimpuis. Plusieurs familles nobles ont aussi des terres à Wattrelos, la plupart comme héritières du bailli Pierre de Bisschop.

Nous ne dirons rien des diverses rentes constituées par le chapitre et hypothéquées sur les biens de la seigneurie, non plus que des actes du même genre passés au profit de communautés ou de particuliers et dont les originaux ou les copies se trouvent aux archives de Gand et de Wattrelos. Nous passerons à ce qui regarde les droits seigneuriaux sur lesquels nous n'avons guère trouvé plus de renseignements.

CHAPITRE XXVII.

DROITS SEIGNEURIAUX. — LES MAGISTRATS. — LA COMMUNE. — LES FRANCS-ARCHERS.

La magistrature de Wattrelos est toujours restée à la nomination des seigneurs. Ainsi en 1631 (28 mai), l'évêque de Gand, Antoine Triest, autorisa Nicolas d'Haudion, doyen, Pierre Van Esch, chantre, et Guillaume Vrancx, écolâtre de l'église cathédrale de Gand à procéder au renouvellement des magistrats de la terre, seigneurie, justice et village de Wattrelos,[1] enclavé dans la châtellenie de Lille.

Ce titre d'enclave semble bien dès-lors n'être plus guère qu'un vain nom, puisqu'en 1640, le lieutenant de la gouvernance de Lille fait saisir des biens-fonds, sis à Wattrelos, hypothéqués d'une rente au profit de l'hôpital de Roubaix [2]. Vers la même époque, l'on fit une enquête contre le bailli Georges Le Maistre et l'on prit « les avis des jurisconsultes pour le remercier de sa charge à cause de ses excès. »

Comme on a pu le voir par ce que nous avons dit du terrier de 1778, certains droits seigneuriaux furent conservés jusqu'à la fin du XVIIIe siècle. L'on trouve en 1777 une procédure au sujet de ces droits et spécialement du dixième denier dû au seigneur de Wattrelos par vente ou transport des biens-fonds. Du tribunal des hommes de fief de Wat-

---

[1] Archiv. de la cathédrale de Gand.
[2] Archiv. de la cathéd. de Gand.

trelos la cause avait été portée au parlement de Douai et terminée par une transaction le 19 février 1777.[1] La formule imprimée sur laquelle s'inscrivaient les rapports et dénombrements porte l'aveu, pour chaque censitaire, d'un liard à chaque cent de terre pour relief à la mort de l'héritier et, d'un pareil liard au cent pour droit seigneurial à la vente, don, cession ou transport et service en cour. Au XVIIIe siècle, outre le bailli, le receveur, les hommes de fiefs, les échevins, les sergents, nous trouvons un procureur d'office de la seigneurie, obligé à prêter serment entre les mains du bailli. Il était, comme les sergents, immédiatement nommé par l'évêque de Gand[2]. Louis-Joseph Piat, praticien, fut pourvu de cet office le 3 avril 1745. Nous l'avons vu cité plus haut comme notaire et greffier. D'après un inventaire aux archives de Wattrelos, la seigneurie avait jadis un recueil des coutumes qui lui étaient particulières, quoique, en général, on y suivit la coutume de Flandre. On y avait aussi par écrit la manière et le style de procéder en matières civiles.

Aujourd'hui on y conserve 14 registres, provenant de l'ancienne magistrature, comprenant, à partir de l'an 1749 jusqu'à 1781, les causes portées au tribunal des gens de loi *et les contrats et œuvres de loi* accomplis en présence des mêmes officiers. En parcourant ce vaste recueil, on voit que la plupart des causes sont jugées et les contrats passés en présence du bailli ou de son lieutenant et de plusieurs échevins ; pour d'autres, les échevins sont remplacés par les hommes de fief. Quelquefois il arrive que les plaids ont lieu devant un sergent ou une autre personne

---

[1] Arch. de Wattrelos.
[2] Arch. de la Flandre orient.

faisant les fonctions de Mgr l'évêque de Gand, assisté de quelques hommes de fief. En 1703 le bailli et les échevins plaident devant ce tribunal contre un particulier avec lequel ils sont en cause.

La majeure partie des pièces que contiennent ces précieux volumes ont rapport à des intérêts privés. Nous en mentionnerons pourtant quelques-unes qui ont un intérêt général pour toute la commune. Ainsi nous y voyons que chaque année deux hommes de confiance, députés l'un par la communauté, l'autre par les seigneurs, vont à Courtrai, le lundi avant la St-Martin, selon l'usage ancien, pour la *prisée* du blé et des chapons, de l'avoine et des poules, afin de déterminer le taux des rentes seigneuriales.

Une décision du bailli et des échevins du 9 juin 1755 nous fait connaître que les baillis des quatre seigneurs hauts-justiciers ont accordé 20,000 pavés gratis à la commune de Wattrelos[1]. On fut d'avis que les fermiers de l'endroit devaient voiturer gratis les pavés. De même le 11 juillet 1760, on imposa à chaque *harnas* de chevaux de faire gratis trois *voitures*, pour amener au village les 15,000 pavés et les 1,500 pieds de bordures accordés par les députés des états de Lille pour le pavé de Wattrelos à Roubaix. Il y avait pourtant déjà auparavant des routes pavées à Wattrelos ; car dans un acte du 2 novembre 1745, par lequel les échevins procèdent à l'adjudication d'un droit de péage ordonné par un arrêt du conseil du roi du 13 septembre précédent, il est parlé d'un pavé construit au

---

[1] Les Sires de Phalempin, de Wavrin, de Cysoing et de Commines portaient le titre particulier de hauts justiciers et représentaient par eux-mêmes ou par leurs baillis la noblesse aux états de Lille.

centre de la paroisse.[1] En 1765, on faisait l'adjudication des « boues, graisses et nettoiement des pavés et flégards » de Wattrelos. Le 23 janvier 1770, la communauté de Wattrelos constitue 100 livres parisis de rente héritière sur et à charge de l'octroi de Wattrelos, ou en d'autres termes fait un emprunt. Le 16 février 1779, on constitue de la même manière une rente de 120 florins argent de Lille. Ces divers actes sont précieux, parcequ'ils nous montrent une commune qui gère ses propres intérêts et qui, sous ce rapport du moins, semble n'avoir guère de compte à rendre au seigneur. Wattrelos avait du reste son hôtel de ville, ou maison commune; mais il ne lui appartenait pas en propre et n'était, comme d'ordinaire au village, qu'un cabaret.

Un établissement tout communal est celui de la société des Francs-Archers de St-Sébastien, qui étaient surtout chargés de faire la police au village, à l'époque des fêtes communales, ou comme on dit dans le pays, « en temps de ducasse. » Ils avaient un uniforme et se réunissaient dans un hôtel qui leur était particulier. L'édifice porte la date de 1701. Aujourd'hui cette société plus ou moins modifiée se réunit au grand St-Sébastien. Leur ancien règlement, écrit sur parchemin, a été égaré, il y a quelques années seulement, lorsqu'on voulut en tirer une copie. On nous a assuré que quand un archer avait, dans l'exercice de ses

[1] Le rapport du curé L. F. Carrette, en 1788, mentionne le pavé qui mène de la nouvelle place à la mairie. Le terrier de 1778 indique le pavé qui va de la vieille place au pont du Trevers. L'histoire de Roubaix nous apprend que depuis 1837, Wattrelos est en communication, par un chemin pavé, avec Roubaix et Dottignies, ce qu'on doit en partie à une subvention faite par la commune. Vers 1844, ce chemin, déclaré vicinal de grande communication, a été continué sur le territoire de la Belgique.

fonctions, tué un homme par mégarde, il lui suffisait de payer une amende de 12 sous pour que, dès-lors, on ne put aucunement le poursuivre en justice.

Aujourd'hui Wattrelos possède un corps de sapeurs-pompiers. Cette compagnie, ainsi que celles de Tourcoing et de Lannoy, eut l'occasion de se signaler lors de l'incendie de l'atelier-monstre à Roubaix, le 16 juillet 1845 [1]. Il y a aussi aujourd'hui à Wattrelos deux corps de musique.

[1] Histoire de Roubaix, IV, page 209.

CHAPITRE XXVIII.

COMMERCE ET INDUSTRIE A WATTRÉLOS A PARTIR DU XVIIe SIÈCLE.

Force nous est maintenant de reprendre de nouveau notre histoire du village de Wattrelos à partir des guerres du XVIe siècle. Mais, comme nous venons de le faire à propos de l'administration ecclésiastique et seigneuriale, nous nous permettrons de ne plus suivre toujours bien exactement l'ordre chronologique. Nos lecteurs aimeront mieux voir les quelques petits faits que nous avons pu recueillir çà et là se grouper d'après l'analogie qu'ils peuvent avoir entre eux. Ils nous le pardonneront d'autant plus volontiers que, comme nous l'avons fait observer, à partir du XVIe siècle les documents deviennent plus rares et que nous avons peu d'événements à signaler. Longtemps on se ressentit à Wattrelos des désastres occasionnés par les troubles de Flandre, et les guerres qui suivirent ne durent pas améliorer la position de la seigneurie des messieurs de St-Bavon. Nous devons faire remarquer pourtant qu'au commencement du XVIIe siècle, sous le règne tout paternel des archiducs Albert et Isabelle, l'industrie jouissait à Wattrelos d'une certaine prospérité, et que ce village se trouvait au premier rang après Roubaix et Tourcoing. C'est ce que nous apprend un règlement donné par le conseil des archiducs à Bruxelles, le 3 mars 1609, au sujet des ouvrages de bourgeterie dans la châtellenie de Lille. La fabrication des *tripes, bourats* et *futaines* de tout genre y est réservée à dix bourgs ou villages, en tête desquels figurent Roubaix, Tourcoing et Wattrelos. De plus l'on crée cinq égards dans les trois localités susdites et l'on ordonne que tous les ouvrages de bourgeterie, qui se feront dans la châtellenie, soient égardés et scellés dans l'un ou l'autre de ces lieux [1].

En vertu de cet arrêté, les baillis, gens de loi et ouvriers de *bourgeterie* et *tripperie* de Roubaix, Tourcoing et Wattrelos se réunirent le 28 mars et réglèrent les districts de chacun des chefs-lieux et les jours d'égardage [2].

Les égards de Wattrelos avaient dans leur ressort les ouvriers du village, ceux de Lys-lez-Lannoy, de Leers, de Toufflers et de Sailly. Nous ignorons combien de temps l'industrie et le commerce restèrent florissants à Wattrelos, mais on ne peut douter que les guerres si fréquentes du XVIIe siècle ne leur aient causé un tort considérable.

Il nous paraît superflu de faire ici le tableau de ces guerres et des calamités qui affligèrent la Flandre wallonne. Les histoires de Lille, de Tourcoing et de Roubaix contiennent à ce sujet des renseignements fort curieux et nous y renvoyons le lecteur. Wattrelos eut, à coup sûr, une part plus ou moins large au malheur commun. Condé et Turenne séjournèrent à Tourcoing l'un en 1646, l'autre en

---

[1] « Seront ordonnés trois lieux ou les dits ouvrages seront esgardés et visités, à scavoir le dit bourg de Roubaix et les villages de Tourcoing et Wattrelos. » Ordonn. du 3 mars 1609.

[2] Manuscrit 14 de la bibl. des archiv. du départ. du Nord, et hist. de Tourcoing, page 357. Voir pour plus de détails l'hist. de la fabrique de Roubaix, page 37 et suiv.

1658. C'est assez dire que Wattrelos, comme les villes voisines, vit passer souvent des troupes amies ou ennemies et subit les réquisitions, les pillages et toutes les vexations qu'entraînent après elles des guerres prolongées.

Au fléau de la guerre se joignit aussi parfois celui de la peste. C'est ainsi qu'en 1646 on dut bénir à Wattrelos un nouveau cimetière pour les pestiférés [1].

La paix des Pyrénées en 1659 avait mis fin à une guerre bien longue, et pourtant la tranquillité durait à peine depuis quelques années, lorsque la guerre de dévolution ramena les armées ennemies dans les environs de Lille et le traité d'Aix-la-Chapelle en 1668 fit passer toute la châtellenie sous la domination française.

La paix qui suivit le traité d'Aix-la-Chapelle ne fut pas sans alarmes pour l'industrie de Wattrelos. Depuis longtemps les villes de Lille et de Tournai voulaient conserver le monopole de la manufacture et interdire aux habitants des campagnes une fabrication qui était pour eux une source de prospérité. Les articles mêmes de la capitulation interprétés dans l'intérêt de ces villes semblèrent leur offrir une occasion nouvelle d'écraser une concurrence qu'elles trouvaient gênante et odieuse. Mais le clergé des trois districts manufacturiers intervint dans cette circonstance et signa, le 10 décembre 1669, une protestation énergique qui devait être mise sous les yeux du roi. C'est que l'intérêt de la religion se trouvait engagé dans une mesure qui, en dépeuplant les campagnes, allait forcer en quelque sorte beaucoup de villageois à se retirer dans des pays héré-

[1] Arch. du roy. de Belg., évêché de Tournai, n° 272.

tiques, au grand péril de leur foi. Nous traduisons l'attestation particulière du curé de Wattrelos :

« Si l'on ne met obstacle à la publication de l'interdit rappelé ci-dessus, il en résultera le plus grand dommage pour un grand nombre de localités et pour notre paroisse en particulier. En effet, ce sera la perte des âmes ; car nos villageois sont portés à embrasser les sectes diverses et se trouvant forcés, pour gagner leur vie, d'aller en Hollande, en Angleterre ou ailleurs, ils y seront facilement entraînés au mal.

Fait à Wastrelos, le 10 décembre 1669.

Etait signé : M. De la Haie, pasteur à Wastrelos [1].

Le fléau de la guerre ne devait pas tarder à venir affliger de nouveau la contrée. Louis XIV porte de nouveau ses armes contre la Hollande qui appelle à son secours l'Espagne et la plupart des puissances septentrionales. Les réquisitions militaires recommencent tant du côté des français que du côté de leurs ennemis. Le censier des Masures à Wattrelos et deux des principaux fermiers de Roubaix, ayant refusé de déférer aux sommations des alliés, sont enlevés de leur domicile, conduits à Gand et détenus en prison depuis le 13 juin 1677 jusqu'au 11 mars de l'année suivante [2].

Peu de temps après le traité de Nimègue, une nouvelle guerre contre la Hollande entraîne pour le pays de nouveaux malheurs jusqu'à la paix de Ryswick, en 1697.

Le XVIIIe siècle s'ouvre par la guerre de la succession

---

[1] Archiv. de Roubaix. II, H, 42, 18. Voir pour plus de détails, l'histoire de la fabrique de Roubaix, pag. 55 et suiv.

[2] Histoire de Roubaix, IV, p. 229.

d'Espagne, si funeste aux armes du grand roi et qui place pendant quelques années la châtellenie sous la domination des états-généraux de Hollande, mais le traité d'Utrecht (1713) la termine enfin et rend notre pays à la France.

Faut-il s'étonner après cela si un auteur, qui écrivait vers l'an 1716, disait, en parlant de l'industrie de Wattrelos : « Il n'y reste plus qu'un très-petit commerce de laines, de toiles et de calamandes qui se vendent immédiatement à Lille, Tourcoing et Roubaix et médiatement en France [1]. »

La série des guerres n'est pas terminée pourtant à cette époque. Sous Louis XV, ce sera la guerre de la succession d'Autriche qui ensanglantera les riches campagnes de la Flandre. Deux colonnes de l'armée royale occuperont, en 1744, Lannoy, Roubaix et Tourcoing. La fameuse bataille de Fontenoy, en 1745, sera suivie de plusieurs autres victoires, mais le traité d'Aix-la-Chapelle, en 1746, ramènera la paix dans notre contrée pour près d'un demi-siècle.

Nuls renseignements ne sont parvenus à notre connaissance sur l'industrie de Wattrelos à cette époque. La révolution française ne lui fut pas plus favorable que l'avaient été les guerres de la première moitié du XVIIe siècle. Pour ce qui regarde les temps actuels, nous nous contenterons d'extraire de l'*Annuaire statistique du département du Nord en 1830*, la note suivante : « Il existe à Wattrelos deux brasseries, quatre briqueteries, sept fabriques d'étoffes, une filature de coton, six moulins à l'huile et cinq moulins au blé. »

Le *Dictionnaire géographique universel*[2] de l'an 1839

---

[1] Mss. 14 de la bibl. des archives du départ. du Nord.
[2] 8e édition, Bruxelles, 1839.

porte : « Filature de coton, tissage de coton, qui occupe 1,400 ouvriers ; briqueteries. » Le *Dictionnaire de Domeny de Rienzi*, dans la 4e édition postérieure à l'an 1848, reproduit le même article, sauf qu'il indique 1,500 ouvriers. Aujourd'hui il est certain que le nombre de ces derniers est beaucoup plus considérable ; mais Wattrelos rentre pour ainsi dire dans le mouvement industriel de Roubaix et se présente comme une annexe de cette grande cité industrielle[1]. On y bâtit en ce moment une grande fabrique pour le tissage mécanique. Il y existe, depuis quelque temps, deux machines à vapeur à l'usage des brasseries. Une grande teinturerie y a aussi été élevée sur la limite du territoire de Roubaix.

[1] L'*Almanach-Annuaire* de Didot fournit les indications suivantes : Brasseries, 2 ; charbon de terre en gros, 1 ; commissionnaire en douane, 1 ; engrais, 1 ; grains, 2 ; huile et savons, 2 ; médecins, 3 ; meûniers, 3 ; pannes (fabrique), 2 ; tuiles et briques, 1 ; tourneur, 1. L'*Annuaire de l'arrondissement de Lille* porte : agent du Nord, 1 ; aubergiste, 1 ; bouchers, 8 ; boulangers, 8 ; brasseurs, 2 ; cabaretiers, 38 ; charbons, 9 ; charpentiers-menuisiers, 5 ; charron, 1 ; cordonniers, 4 ; couvreurs, 2 ; cultivateurs, 31 ; engrais, 1 ; épiciers, 31 ; grains, 2 ; horloger, 1 ; huile, 2 ; maçons, 3 ; maréchaux, 3 ; médecins, 3 ; messager sur Lille, 1 ; meûniers, 6 ; moulins à bois de teinture, 2 ; pannes (fabriques), 2 ; peintre, 1 ; rentiers. 7 ; savonnerie, 1 ; serruriers, 2 ; tailleur, 1 ; tonneliers, 2 ; tourneur, 1.

CHAPITRE XXIX.

LA BIENFAISANCE A WATTRELOS. — L'HOSPICE DES VIEUX-HOMMES.

Les œuvres par lesquelles les hommes s'honorent le plus sont bien certainement les œuvres de religion et de bienfaisance. Rien donc ne mérite d'être recueilli avec plus de soin dans l'histoire d'une commune que le souvenir des fondations pieuses, parce que rien ne la rend plus recommandable aux yeux de la postérité. Nous avons parlé des fondations faites à l'église de Wattrelos, tout en regrettant de ne pouvoir faire connaître tous les noms des pieux fondateurs. Nous devons exprimer ici le même regret par rapport aux fondations charitables qu'il serait difficile de connaître toutes.

Le grand répertoire des chartes de Flandre[1] indique en 1475 un acte : « pour la carité des pauvres de Wattrelos. »

Nous avons vu que longtemps avant 1547 les seigneurs de Wattrelos distribuaient chaque semaine une rasière de blé aux pauvres. Les registres de la commune renferment, à la date du 12 janvier 1771, la création d'une rente héritière annuelle de 48 livres parisis établie par Louis Mouton, laboureur, demeurant à Wattrelos, et Marie-Madeleine de Pratte, sa femme, au profit des pauvres pour deux tiers,

[1] Arch. du départ. du Nord.

et de l'église pour un tiers ; et à la date du 17 décembre suivant, la création d'une autre rente de 44 livres parisis, constituée par Louis-Joseph Lepoutre, fils de feu Louis-François, au profit des pauvres et de l'église. Jacques de Bisschop, bailli de Wattrelos, légua aussi 2,000 florins destinés à constituer une rente pour les pauvres.

Les *pourchasseurs* des pauvres ou *pauvriseurs*, ainsi que les marguilliers, étaient nommés par le bailli et les gens de loi, mais avec l'intervention du pasteur. C'est ce que prouve une protestation de non préjudice faite par le curé Michel-Albert de la Haie contre le bailli Pierre de Bisschop, qui avait nommé aux offices susdits, sans requérir le concours de l'autorité ecclésiastique[1]. Un acte de 1762, sous le curé F.-J. Maudoux, atteste également cette coutume.

Le bailli dont nous venons de prononcer le nom l'a rendu à jamais vénérable à Wattrelos par une fondation pieuse encore aujourd'hui florissante.

Le 1er septembre 1676[2], cet homme, riche des biens de la fortune, mais plus riche encore en vertus, se présenta devant le lieutenant et les hommes de fief et échevins, et fit par-devant leur tribunal la cession de biens considérables, non-seulement pour la subsistance d'un chapelain, ainsi que nous l'avons dit plus haut; mais encore pour l'entretien de huit *vieux hommes*[3]. S'étant ensuite adressé à l'évêque de Gand, Mgr Albert de Hornes, il en obtint les lettres d'amortissement nécessaires le 6 juin 1682. La

---

[1] Arch. de Roubaix, série Wattrelos.

[2] D'autres copies portent novembre. (Voir les arch. de l'hospice de Wattrelos et le testament de Pierre de Bisschop aux Arch. du départ. du Nord.)

[3] Lettre de Mgr l'évêque de Gand.

femme de Pierre de Bisschop, demoiselle Anne Lezaire, était de moitié dans cette pieuse fondation. Toutefois, il faut remarquer que, dans la première institution, l'hôpital était fondé pour quatre *vieux hommes* et quatre pauvres *vieilles filles* ou *veuves* qui devaient être logés et nourris dans la maison donnée par de Bisschop, située près de l'église et du presbytère ; mais, d'après le conseil de l'évêque de Tournai, Mgr de Choiseul, qui faisait sa visite à Wattrelos, le 17 mai 1686, les vertueux époux décidèrent que les huit lits seraient pour des hommes. Ils augmentèrent leur fondation à plusieurs reprises et ratifièrent le tout par leur testament, en date du 6 août 1696. Dans cet acte solennel, ils statuent, entre autres choses : « Qu'après le trépas de Pierre, leur fils Jacques succédera à l'administration de la dite fondation, ensemble à la nomination du prêtre et des vieux hommes en la forme et manière portée en ladite fondation. »

Nous regardons comme inutile l'énumération détaillée des biens de l'hospice qui étaient considérables. Ils comprenaient, outre diverses terres, les deux tiers de la cense de la Bourde et une partie du fief de l'Espierre, éclissée du consentement du roi et du seigneur. Il ne restait de ce dernier bien que « dix cents de terre à labour » qui furent attribués hors part à Bavon de Bisschop, comme fils aîné de Pierre.

Quant au frère puîné de Bavon, Jacques de Bisschop, il ne se contenta pas de bien administrer l'hospice ; il augmenta en outre la fondation de quatre lits d'hommes et ajouta de nouveaux biens à ceux qui provenaient de la munificence de son père.

L'hospice fut constamment dirigé par un des descendants de Pierre jusqu'à la mort de messire Bavon de Bisschop, fils de Bavon, doyen des conseillers au parlement de Flandre, arrivée le 24 novembre 1758. Il était le dernier représentant mâle de cette branche de la famille[1].

Un procès sérieux surgit alors entre les magistrats de Wattrelos et les parents des fondateurs issus de lui par les femmes. Un de ces derniers, M. l'écuyer de Schoonvelde aîné se crut en droit de succéder à Messire Bavon de Bisschop. Le pauvriseur Pierre-François Lefebvre, appuyé par les magistrats, s'y opposa et obtint, le 31 juillet 1759, un arrêt du parlement de Flandre qui accordait l'administration de l'hospice aux gens de loi ; mais à la condition expresse

---

[1] Pierre de Bisschop, bailli de Wattrelos, était le fils aîné de Pierre de Bisschop, fils de Liévin, né à Roulers, et bailli de Meldert et Nieukerque, lequel avait épousé à Renaix, Marie-Anne Baert, que l'on croit de la famille de l'illustre Jean Bart. Il avait eu pour prédécesseur à Wattrelos, en qualité de bailli, son oncle, Jean de Bisschop. Il laissa après lui plusieurs enfants, parmi lesquels Bavon, bailli de Hames, Jean, bailli de Herzeaux, et Jacques, bailli de Wattrelos. Plusieurs de ses filles contractèrent des alliances fort honorables. Élisabeth épousa Pierre le Febvre. Une fille d'Ernestine et de Pierre de Corbic épousa le comte du Chastel de la Howarderie. Anne épousa Pierre de Badts. Deux de ses petites-filles, filles de Pierre mort avant lui, portèrent une partie de ses biens dans les familles Vandercruysse de Waziers, Faulconnier de Villers, du Cellier de Vallencourt. La famille de Bisschop est loin d'être éteinte. Elle subsiste encore honorablement en Belgique aux environs d'Audenarde, où se trouvent des descendants du bailli de Meldert et dans plusieurs villes de France, particulièrement à Tourcoing, où se trouvent des descendants de Louis, greffier de Wattrelos et frère de Pierre, bailli dudit village. (Arch. de Lille, Tabellion. — Arch. de Wattrelos, Reg. de l'état-civil). Cornélie de Bisschop, qui épousa, en 1590, François de Kerchove, portait d'or au chevron de gueules. (Mém. hist. et généal. sur la maison de Kerchove. Anvers, 1839, p. 170.)

qu'ils obtiendraient du roi des lettres contenant l'expression de sa volonté concernant la fondation. Cette condition n'ayant pas été remplie, les héritiers et descendants du premier fondateur obtinrent un arrêt du 27 mars 1762 qui annulait toute la fondation et leur permettait de se mettre en possession de tous les biens qui y avaient appartenu.

En agissant ainsi, ces nobles personnages « n'avaient, dit un de leurs descendants, M. le comte Ferdinand-Robert du Chastel de la Howarderie, d'autre but que de recouvrer l'administration de l'hôpital, afin de veiller par eux-mêmes et avec plus de soin à la conservation d'un établissement qui était l'ouvrage de leur aïeul, dont la mémoire leur était chère.

« Aussi, loin de vouloir profiter de l'arrêt du 27 mars 1762 qui leur rend les biens affectés à la fondation, ils s'adressent au roi pour obtenir la confirmation de cet établissement, sous la condition que l'administration en appartiendrait aux descendants du fondateur du côté des femmes, avec faculté de nommer un receveur qui rendrait compte de la gestion dans les formes prescrites. »

La confirmation demandée fut accordée par lettres-patentes données à Versailles l'an 1775 et enregistrées au parlement de Flandre l'an 1777.

Il fut statué dès lors que, pour l'admission à l'hospice, on recevrait, avant tous les autres, les parents du nom de Bisschop ou de Lezaire, même ceux qui en descendraient par les femmes ; après eux viennent les pauvres de Wattrelos, en donnant la préférence « à ceux qui auront vécu dans la crainte de Dieu et en bons chrétiens et catholiques, du travail de leurs mains. » L'admission des pauvres, comme la nomination du receveur, doit se faire par les deux plus anciens descendants de la famille, après qu'ils auront pris conseil du curé et du chapelain de l'hôpital.

Nous avons trouvé comme receveur, en 1770, le 26 février, Philippe-Albert de Bisschop[1], et comme premier administrateur, à la même date, le sieur Corbie de la Boutillerie. En 1780, le 6 octobre, Pierre-François de Bats signe en qualité d'administrateur les pièces concernant le partage de la cense de la Bourde entre le seigneur-évêque et les vieux-hommes. En 1788, Messire Ferdinand-David du Chastel de la Howarderie et Ernestine-Antoine, comtesse du Chastel de la Howarderie agissaient comme administrateurs-nés de la fondation et soutenaient en cette qualité un procès contre M. Lejosne, avocat à Lille, issu comme eux par les femmes de Pierre de Bisschop[2].

L'*Histoire des Gardes-wallones*[3] mentionne le comte Ferdinand-Eugène-François du Chastel, né en 1739, qui, après avoir été nommé lieutenant au régiment des gardes, le 16 avril 1783, quitta la même année le service d'Espagne, devint directeur de l'hospice des *Vieux-Hommes* et mourut à Lille.

[1] Philippe-Albert était un homme fort recommandable et le digne petit-neveu du fondateur de l'hospice. Fils de Guillaume et petit-fils du greffier Louis, il eut dix-huit enfants et en établit onze honorablement. Ce sont ses descendants qui habitent aujourd'hui Tourcoing.

[2] C'est le même personnage que le sieur Lejosne de l'Espierre, dont M. Derode a rapporté la mort héroïque dans son *Histoire de Lille*, t. III, p. 173. Il avait pour mère Louise Faulconnier de Villers, et pour aïeule Marie-Barbe de Bisschop, fille de Pierre et petite-fille de Pierre, le fondateur. Son fils est encore aujourd'hui juge-de-paix à Lille.

[3] Page 800.

En 1823, le comte Ferdinand-Robert-Désiré du Chastel de la Howarderie, capitaine de la garde nationale de Versailles, réclamait auprès du ministre de l'intérieur le droit qu'il avait d'être administrateur de l'hospice. Il réussit, paraît-il, et un membre de la famille du Chastel fut nommé receveur.

L'énumération qu'on vient de lire fait comprendre, jusqu'à un certain point, comment les auteurs de l'*Annuaire du département du Nord*, suivis par M. Jules Leglay[1], ont pu croire que l'hospice de Wattrelos avait été fondé par M. Duchatel. Ces auteurs, en ajoutant qu'il l'avait été pour 20 vieillards, nous indiquent qu'en 1830 le nombre des lits était tel. Aujourd'hui il s'est élevé à 33. L'hospice est administré civilement et les vieillards sont soignés par les sœurs de l'Enfant-Jésus.

Parmi les papiers appartenant au bureau de bienfaisance de Wattrelos, on mentionne les testaments de M. Segard et de M. Ernest Hoscedez, attribuant certaines sommes d'argent aux pauvres. A ce titre, leur nom devait trouver place ici.

[1] Recherches historiques sur les anciens hospices ruraux du Nord de la France, 1858, p. 20.

CHAPITRE XXX.

LA MAISON SAINT-CHARLES.

Un mot maintenant sur un établissement bien intéressant et bien utile. Nous voulons parler de la maison de Saint-Charles-Borromée, destinée à l'instruction des filles pauvres[1].

L'historique de sa fondation se trouve consigné dans un écrit appendu dans une des salles de cette maison et qu'il nous suffira de transcrire.

J. M. CHARLES.

✝
I H S

A la mémoire de la vertueuse sœur ÉLISABETH LE FEBVRE, native de Dottignies, fondatrice de cette communauté avec 4 associées, qu'elle commença le neuf octobre, l'an de grâce, Mil sept cent treize, y fournissant ses revenus et ses exemples admirables jusqu'à sa mort arrivée le premier jour de février, de l'année Mil sept cent cinquante-cinq, âgée de soixante-six ans, administrée des

---

[1] Legroux, summa statut. synod, page CLXXXVIII.

sacrements de notre Mère la sainte Église, ayant été supérieure trente et un ans. Elle fut un modèle de toutes les vertus, surtout de la profonde humilité, qui la rendait la servante de toutes, se plaisant aux plus bas ministères de la maison et ignorant elle seule les rares talents qui brillaient en elle et qui lui attiraient le respect et le cœur de toute la communauté qu'elle réglait avec une économie admirable, une douceur et une charité sans bornes.

Requiescat in pace.

Cet écrit fut donné par Rosalie-Thérèse Le Febvre, épouse de Louis-Joseph-Robert de Buigne, marchand plombier à Tourcoing, en reconnaissance des soins que la susdite fondatrice, sa respectable cousine, prit de son enfance et de son éducation, le 20 février 1776.

En face de cet écrit se trouve le portrait de la vénérable fondatrice avec costume noir, bonnet et mouchoir blancs, portant une croix d'argent sur la poitrine.

Les institutrices de Wattrelos portaient le nom de Sœurs-Régentes et quelquefois aussi de filles dévotes de l'ordre de Saint-Charles; elles faisaient des vœux que le pasteur de la paroisse était appelé parfois à recevoir[1].

La fondatrice avait pu s'inspirer de ce qu'elle avait vu dans son lieu natal; car, depuis quelque temps, il existait à Dottignies une école sous l'invocation de Saint-Charles-Borromée et de Saint-François-de-Sales, mais les institutrices n'y formaient point une communauté religieuse. Ce ne fut que dix ans après la fondation de l'école de Wat-

---

[1] Arch. du roy. de Belg., évêché de Tournai, N° 274; 24 sept. 1782 *Pastor in Wattrelos, deputatur ad recipienda vota sororum regentium.*

trelos par Élisabeth Le Febvre que sa compatriote, Catherine-Françoise Montegnies, prit le voile à Dottignies en compagnie d'une fille de Wattrelos, Marie-Jeanne Detombes, le 21 octobre 1723[1].

L'école de Wattrelos avait d'abord été établie entre la maison de ville et le presbytère. Une partie du terrain provenait de l'ancien fossé de la maison seigneuriale. Une autre partie appartenait à la communauté par donation de Marie-Élisabeth Le Febvre et de Marie-Barbe Deroulez.

Plus tard, le curé s'étant transporté ailleurs, céda aux sœurs la maison qui, comme nous l'avons dit plus haut, avait servi primitivement de demeure au chapelain de saint Jean-Baptiste[2]. La Sœur Marie-Anne-Joseph Lampe en était supérieure le 19 novembre 1719. D'après ce qui nous

[1] L'école de Dottignies, plus ancienne que celle de Wattrelos, remonte à l'an 1690, où Jean de Walle et son épouse, Marie-Magdeleine Carpentier, firent don d'une maison pour son établissement. Le curé Van Houtten en affecta une autre au même usage en 1700. Le règlement et l'érection de cette école furent approuvés en 1698 par le prince de Steenhuyse, seigneur de Dottignies, ainsi qu'en 1703 par l'évêché de Tournai. Une construction nouvelle surgit en 1718 par les soins du curé Pierre Le Maire; mais ce ne fut qu'en 1723, comme nous l'avons dit, que les maîtresses prirent l'habit religieux. Elles firent leur profession le 10 novembre 1723 et s'adjoignirent dans la suite plusieurs compagnes. Aujourd'hui la communauté de Dottignies, sous une règle et un costume un peu différents, forme, avec les maisons de Luigne et d'Herseaux, une congrégation à part. Les anciens registres de l'évêché de Tournai font mention de la congrégation des Filles-Régentes de Saint-Charles-Borromée à Wez, où subsiste encore aujourd'hui une communauté enseignante de Saint-Charles. Il s'est établi aussi récemment à Saint-Nicolas, au pays de Waes, une communauté semblable à celle de Dottignies.

[2] Arch. de la cath. de Gand, terrier de 1778. Arch. du royaume de Belg., évêché de Tournai.

a été dit, l'on y avait érigé une chapelle. Il s'y trouvait, à l'époque de la révolution française, une trentaine de sœurs; mais la communauté avait peine à fournir à sa subsistance, n'ayant que peu de revenus et ne recevant qu'un petit nombre de pensionnaires. Outre une classe payante, les sœurs tenaient une école pour les pauvres, ainsi qu'un ouvroir. Le jour où la persécution religieuse l'atteignit à son tour, un représentant de l'autorité révolutionnaire se présenta à l'école et ordonna aux religieuses de prêter le serment impie qu'exigeaient les lois de la République. Une des sœurs se laissa séduire par les belles promesses qu'on lui fit et par la perspective de devenir supérieure de l'établissement. Huit des sœurs restées fidèles parvinrent à réunir une partie des meubles qui leur appartenaient, les chargèrent sur des chariots, et partirent de nuit pour Saint-Léger, où elles établirent une école qui subsista quelque temps, mais qui finit par se fermer faute de ressources. Les bonnes religieuses s'éteignirent l'une après l'autre, chargées d'ans et de mérites et entourées de la considération et de l'estime de tous les gens de bien.

Il n'en fut pas de même de la religieuse infidèle, qui ne tarda pas à voir sa maison vendue et mourut dans la plus affreuse misère.

Des particuliers s'étaient faits adjudicataires de l'ancien couvent, qui resta plusieurs années en mains laïques; mais une dame vertueuse qui en possédait une partie considérable en fit la cession, sous la condition expresse qu'on y plaçât des religieuses vouées à l'enseignement de la jeunesse. Elle est occupée depuis l'an 1860 par des Filles de l'Enfant-Jésus de Lille, au nombre de quatre, qui y donnent l'instruction aux jeunes filles qu'on leur envoie dès le plus bas âge. Leurs élèves sont au nombre de 240[1]

Le dimanche, elles réunissent une soixantaine de jeunes filles formant une congrégation d'enfants de Marie, sous le titre de l'Immaculée-Conception.

Bien que l'on ait bâti un nouveau local pour les garçons, ce que l'on va bientôt exécuter aussi pour les filles, les premiers ne sont pas aussi bien partagés, à Wattrelos, que les dernières. Il ne s'y trouve qu'un instituteur, homme du reste recommandable sous tous les rapports. Or, c'est bien peu d'un seul homme pour une si nombreuse population. Il est donc à regretter que l'on n'ait point profité jadis d'une occasion favorable pour établir une école de frères des écoles chrétiennes, ce qui était le vœu de la plupart des habitants.

[1] Almanach ecclésiast. du diocèse de Cambrai, années 1860 et suivantes. L'Almanach de 1862 porte le même chiffre de 240, mais cinq sœurs.

CHAPITRE XXXI.

LE JANSÉNISME A WATTRELOS.

Le jansénisme, cette hérésie funeste qui causa tant de maux à la France et à toute l'Europe, est aussi parvenu à jeter le trouble dans la paisible paroisse de Wattrelos, au commencement du XVIIIe siècle.

C'est du moins ce que nous tirons du récit d'un janséniste de la pire espèce, qui a publié en 1721 l'*Histoire du nouveau Fanatisme dans le diocèse de Tournai, sous l'épiscopat de Mgr de Loevenstein*[1]. Par fanatisme, il entend surtout le zèle avec lequel les jésuites et les franciscains combattaient dans leurs sermons et leurs entretiens les erreurs des jansénistes et quesnellistes appelants. On désigne sous ce nom les partisans des nouvelles doctrines, qui, à cette époque, refusaient d'admettre la constitution *Unigenitus* du pape Clément VI, portant condamnation des erreurs de Quesnel, en appelaient du pape au futur concile et se mettaient ainsi en état de schisme et d'opposition avec l'église universelle.

On comprend, d'après cela, que nous nous servons de cet auteur en l'interprétant, que les critiques qu'il adresse à certains personnages, sont, à nos yeux, des titres qui les

[1] Page 210; ouvrage fort rare dont nous ne connaissons qu'un exemplaire qui se trouve à la bibliothèque de Lille.

recommandent, qu'en revanche les éloges qu'il fait de ses amis nous les rendent, sinon odieux et blâmables, du moins suspects et moins estimables.

Malheureusement pour Wattrelos, l'auteur janséniste n'a guère, pour cette paroisse, que des éloges, et, si ce qu'il en dit est vrai, elle était complètement infectée du venin des doctrines jansénistes ; en effet, d'après lui « on peut dire que cette paroisse est celle de tout le diocèse où l'ordre séraphique (c'est-à-dire les récollets et les capucins), a fait moins de fruit. »

La cause en était dans les bonnes qualités du curé, jointes, hélas ! s'il faut l'en croire, à une opposition marquée à la Constitution.

Voici l'éloge qu'il en fait :

« M. Léonard de Conninck, curé de cette paroisse, est au-dessus de tous les éloges qu'on peut faire de luy. Ceux qui ne le connaissent point n'ont qu'à converser seulement pendant un quart d'heure avec luy, et ils seront remplis d'estime et de vénération pour luy. Monseigneur l'évêque de Tournai, malgré son zèle à persécuter ceux qui sont opposés à la Constitution, ne sçauroit refuser son estime à M. de Conninck. »

L'auteur janséniste ne précisant pas, nous ignorons jusqu'à quel point M. de Conninck fut opposé à la Constitution. Toutefois, s'il est vrai, comme le porte le registre de la cure de Wattrelos qu'il desservit la paroisse depuis l'an 1702 jusqu'au mois de décembre 1738, il nous est permis de croire qu'il n'a pas été du nombre de ceux qui rétractèrent leur adhésion à la bulle *Unigenitus* et appelèrent du Pape au futur concile ; car nous avons vu deux sentences imprimées[1], publiées en 1728 et en 1729 par l'homonyme du curé de Wattrelos, M. Léonard de Conninck, vicaire-général de Tournai[2], suspendant de leurs fonctions les curés de Vevelghem et de Lezennes pour le fait de leur rétractation et de leur appel. Le zélé partisan de Jansénius et de Quesnel, dans un style semblable à celui des journalistes de bas étage, nous montre d'un côté plusieurs paroissiens de Wattrelos allant se confesser à Tourcoing chez les récollets et y ayant des confesseurs choisis, parce que ces pères étaient fort indulgents. D'un autre côté, ces religieux refusant l'absolution « à quiconque ne promettait pas de ne plus aller à la messe et aux instructions du sieur curé, ni de ne plus recevoir les sacrements de sa main »; à leur tour, les capucins qui viennent quêter à Wattrelos confirment ce que font les récollets et par des discours pathétiques animent les paroissiens contre leur pasteur, et pourtant « tous les paroissiens demeurent fidè-

---

[1] Bibl. publ. de Tournai. Recueil de pièces diverses.

[2] C'est d'après le registre de la cure de Wattrelos que nous avons déterminé le temps où M. Léonard de Conninck fut curé à Wattrelos, savoir : de 1702 à 1738. Les registres de l'évêché de Tournai, à Bruxelles et à Tournai portent, à la date du 30 avril 1688 un Léonard de Coninck, prêtre du diocèse de Tournai, nommé, après concours, second pour la cure de Carvin-Epinoy et premier pour la cure de Prémesque, et à la date du 6 septembre 1701, ledit curé de Prémesque nommé curé de Wattrelos. Les mêmes registres portent un M. Léonard Coninck ou de Coninck, vice-gérant de l'officialité (30 novembre 1708), et de plus licencié en droit civil et canonique, nommé curé de Saint-Jacques, à Tournai (10 décembre 1708), docteur en théologie, chanoine de la cathédrale de Tournai (12 juin 1711), et juge ordinaire de l'officialité (15 août 1711). Toutes ces désignations avec leurs dates se rapportent, non au curé de Wattrelos, mais bien au vicaire-général de l'an 1728.

lement attachés à leur pasteur; » il n'en faut excepter, au dire de notre janséniste, « qu'une trentaine de canailles. »

Ces braves gens de Wattrelos pouvaient être dans la bonne foi, s'en rapportant à leur curé et à ses deux vicaires qui étaient restés d'accord avec lui. Mais il paraît qu'on ne leur en savait pas gré dans les paroisses voisines; car ils étaient insultés partout où ils allaient, en sorte qu'ils n'osaient plus se rendre au marché de Roubaix, particulièrement à une certaine époque que l'auteur appelle le temps des grands bruits. Le pasteur lui-même y étant allé pour affaires y fut insulté par des enfants que la populace excitait et qui le poursuivaient en criant : *Au voleur d'âmes*.

Notre auteur accuse quelques habitants de la vieille place de Wattrelos d'avoir, à l'occasion de la déclaration du roi, du 4 août 1720, qui prescrivait le silence, pris la résolution d'aller piller la maison du curé et l'école qui y était attenante. L'un d'eux, ajoute-t-il, « étant dans l'église pendant que le curé recommandait plusieurs malades et autres aux prières du peuple, il dit d'un ton de voix assez haut pour être entendu : Le gueux qu'il est! qu'il fasse prier Dieu pour lui-même. » Inutile de dire que si le récit de ces faits est exact ils sont blâmables, et que les sentiments catholiques de leurs auteurs ne les justifient en aucune façon.

Ces mutins, comme les appelle notre auteur, faisaient rejaillir la haine qu'ils avaient conçue contre leur curé sur les deux vicaires qui vivaient avec lui en bonne intelligence et les traitaient d'hérétiques et d'excommuniés.

De tout ce récit, on peut admettre que l'agitation, à Wattrelos, fut assez grande ; mais les éloges que reçoit le clergé de Wattrelos de la part d'un homme qui, peut-être, voulait les gagner à sa cause, ne nous paraissent pas établir d'une manière invincible qu'ils fussent rebelles à l'église. Peut-être une sévérité un peu trop grande de leur part les avait-elle fait soupçonner de jansénisme, et, à ce titre, rendus odieux à plusieurs ; de là, notre auteur janséniste, brodant sur ce thème, a pu exagérer les choses à un point qui les a faussées.

Quant aux récollets de Tourcoing et aux capucins étrangers, nous ne doutons pas qu'ils n'aient montré beaucoup de zèle, et s'ils avaient commis quelque imprudence, leur ennemi la leur aurait bien certainement reprochée.

CHAPITRE XXXII.

LA RÉVOLUTION FRANÇAISE.

L'agitation causée par le jansénisme s'était peu à peu apaisée, et la paroisse de Wattrelos était en général bonne et catholique, lorsque la révolution française inaugura l'ère de la persécution religieuse. On sait quels changements nombreux et profonds modifièrent alors la face entière de la société. Le 11 août 1789, la féodalité fut supprimée. Désormais, ni l'évêque de Gand, ni les chanoines de Saint-Bavon ne porteront plus le titre de seigneurs de Wattrelos; leur droit de patronage et de présentation à la cure cessera définitivement au concordat de 1802.

Les prêtres de la paroisse auront bientôt à opter entre un serment schismatique et l'exil. Le curé était M. Louis-François Carette, qui avait été chapelain de Wattrelos de 1779 à 1780, homme dont le zèle ne s'était en rien découragé à la vue de la tempête qui, depuis longtemps, grondait à l'horizon.

Il avait pour collaborateurs, sous le titre de vicaires ou de chapelains, MM. Labis, Delepoulle et Jacques. Ces trois noms apparaissent pour la dernière fois au registre des décès, à la date du 8 août 1791, jour de l'enterrement « du R. P. Placide Devicq, ci-devant carme déchaussé de la communauté de Lille, décédé le 6 à l'âge de 71 ans. » Cette rédaction a sa signification. Elle nous dit que les communautés religieuses n'existaient plus. Bientôt il en sera de même du clergé séculier.

M. Carette fut d'abord requis de faire la déclaration des biens de la cure par-devant le maire et les officiers municipaux; il la fit sincèrement; c'est ce que porte l'acte signé par lui et les nouveaux magistrats, car Wattrelos eut, comme les autres communes, sa municipalité, ainsi que sa garde nationale. L'excellent curé ne fut pas longtemps sans recevoir la sommation de prêter le serment sacrilége de fidélité à la Constitution civile du clergé. Il s'y refusa, monta en chaire pour confirmer ses ouailles dans la fidélité à la religion de leurs pères. Puis il prit le chemin de la terre étrangère[1] avec ses coopérateurs restés comme lui fermes et constants. Malheureusement, il eut dans la suite la douleur d'apprendre que M. Jacques, chapelain de l'hospice, n'avait point persévéré, mais qu'il était retourné en France pour y prêter le serment[2]. Pierre-Réné Maréchal, prêtre assermenté, exerça alors les fonctions de curé; un certain Duthoit figure aux registres comme son vicaire. Bientôt tout culte cessa, et le curé constitutionnel lui-même exerça les fonctions d'officier civil du 6 messidor an II au 20 pluviôse an IV. L'église, profanée, servit d'écurie; un plus triste sort l'attendait. Elle fut mise en vente et aurait été démolie si les fidèles de Wattrelos ne s'étaient entendus pour préserver de la ruine ce monument de la foi de leurs ancêtres. Un démocrate apparent, Jean-Jacques Carette,

[1] Son nom se trouve pour la dernière fois au registre des décès, au 24 mai 1791. Après le concordat, il fut nommé curé à Ramégnies-Chin où il mourut en 1835.

[2] M. Jacques est mort après la restauration à Théreaux, où il a laissé d'assez tristes souvenirs.

et un aristocrate, Floris Lezaire, firent circuler une liste, et 74 notables, par leurs souscriptions, fournirent la somme nécessaire pour la racheter. Le citoyen Carette en fut l'adjudicataire ; le citoyen Pierre-Marie Vaurent devint le propriétaire du mobilier. C'est ainsi que le tout pût être conservé et plus tard rendu au culte.

Les ridicules cérémonies républicaines succédèrent aux pompes consolantes de la religion catholique. On se souvient encore, à Wattrelos, d'avoir vu sur la place publique des théâtres dressés et des citoyens de Tourcoing, ornés de couronnes de papier et de rubans, accompagnés des membres de la milice citoyenne, appelés les bonnets rouges, venir accomplir les rites absurdes du culte de la déesse Raison.

Cependant, le culte véritable était réduit à se cacher dans d'obscurs réduits. Des missionnaires parcouraient toute la contrée et célébraient les saints mystères dans les granges des métairies [1].

Wattrelos avait l'avantage d'être près de la frontière ; aussi, est-ce là que se réfugia le curé d'Orchies, M. l'abbé Pierre-Étienne-Marie Jonville, originaire du village ; il y avait une nièce, Amélie Jonville, mariée au sieur Salembier, qui occupait une brasserie. Cette vertueuse dame lui arrangea une retraite sûre, et pour mieux échapper aux indiscrétions, elle se priva, neuf ans durant, de domestique.

[1] M. Leuridan, dans son *Histoire de Roubaix*, liv. IV, p. 282, a raconté l'arrestation d'un jeune prêtre, l'abbé Corne, qui exerçait son ministère dans les environs, et qui, s'étant heureusement échappé, fut reconduit à Wattrelos par un honnête garde-forestier de Pont-à-Marcq (1799).

Chaque dimanche, on disait la messe dans la grange de la brasserie; on y baptisait, on y célébrait les mariages, etc. Seulement, quand la persécution devenait plus violente, le prêtre passait la frontière et s'éloignait pour quelque temps.

Cependant, deux partis divisaient alors Wattrelos; les bonnets-rouges ou les exaltés et les aristocrates ou les modérés. Parfois, ils se prenaient de querelle dans les lieux de réunion ou sur la place publique, et des rixes sérieuses avaient lieu. Bientôt la guerre avec ses horreurs inaugurera tristement le nouvel état de choses. En avril 1792, une déroute essuyée par quelques troupes françaises au Pas-de-Baisieux amena les Autrichiens dans les environs de Lille; ils dévastèrent, au mois de juin, les communes de Toufflers, Leers, Bachy, Mouchin et Camphin et s'avancèrent même jusqu'à Wattrelos où ils commirent quelques ravages. Un accord ayant été conclu avec la commune de Roubaix pour se prêter un mutuel secours, on requit, le 20, la garde nationale de Roubaix pour repousser l'ennemi[1]; cette démarche paraît n'avoir point été inutile.

[1] *Histoire de Tourcoing*, page 168. — *Histoire de Roubaix*, IV, page 254.

CHAPITRE XXXIII.

LES ENNEMIS DE LA FRANCE VAINCUS A WATTRELOS.

L'année 1794 fut signalée par la première victoire importante que les troupes de la République française remportèrent sur les armées des puissances coalisées. Nous n'avons pas ici à décrire la bataille de Tourcoing dont on peut lire le récit dans la France militaire et dans les histoires de Roubaix et de Tourcoing. Nous en rapporterons les faits principaux en signalant ce qui s'est passé à Wattrelos.

Les alliés ayant investi Landrecies et voulant se diriger vers Paris, Pichegru, pour faire diversion, résolut d'envahir la Flandre maritime. Du 26 avril au 1er mai, Souham et Moreau, à la tête de 50,000 hommes, entrent à Courtrai, battent à Mouscron les Autrichiens et les Hanovriens et forcent Menin à se rendre.

Les alliés concertent alors un plan dit de *destruction*, et, dans le but d'envelopper et d'anéantir les forces de Souham et de Moreau, ils dirigent sur Tourcoing six colonnes concentriques de manière à pouvoir livrer bataille avec toutes leurs forces réunies le 17 mai. De ces six colonnes, la troisième, celle du général Otto, s'arrêta à Wattrelos avec la majeure partie de ses bataillons, et occupa Tourcoing avec son avant-garde; mais le plan des ennemis ayant été déjoué par les manœuvres habiles des généraux français, la réunion de leurs troupes ne put s'effectuer et leurs colonnes se trouvaient encore disséminées le 17.

Le 18, dès trois heures du matin, Souham s'avança avec 45,000 hommes, sa droite à Tourcoing, sa gauche à Wattrelos. Il commença par chasser de Tourcoing l'avant-garde d'Otto et l'empêcha de rejoindre son corps qui, attaqué à Wattrelos par Daendels et Thierry, fut contraint de se retirer derrière Leers. Souham s'avança ensuite par Tourcoing et Wattrelos contre le duc d'York, dont les troupes échelonnées sur Croix, Mouveaux, Roubaix et Lannoy avaient été vigoureusement attaquées par le général Bonnaud à la tête de 16,000 hommes, et s'étaient vaillamment défendues, surtout à Mouveaux et à Roubaix; mais elles prirent la fuite quand elles se virent entre deux feux et le duc d'York, qui s'était sauvé sur Wattrelos, occupé par les troupes de Souham, fut sur le point d'être pris et ne dut son salut qu'à une compagnie de Hessois, qui, tiraillant à l'arrière-garde, lui permit de s'échapper au grand galop de son cheval.

L'importance des mouvements opérés à Wattrelos a fourni à M. de Lamartine un rapprochement qui ne prouve pas beaucoup en faveur de ses connaissances géographiques : « Moreau et Souham, écrit-il dans son *Histoire des Girondins*[1] déjouèrent les plans des coalisés et combattirent réunis les différentes colonnes séparées, dont ils prévinrent ainsi la jonction. Ils remportèrent la victoire de Turcoing et changèrent en déroute, à Waterloo, la marche de l'armée anglaise... Trois mille prisonniers et soixante pièces de canon restèrent comme dépouilles aux républi-

Edit. de Bruxelles, 1847, t. IV, page 280.

cains. La gloire de la France brillait sous Moreau et Pichegru, à la place où elle devait pâlir, après tant d'éclat, sous Napoléon. Le site de Waterloo était marqué de triomphes et de revers sur la carte de nos destinées. »

Non, le site du Wattrelos de France n'a été marqué jusqu'ici que par les revers des Iconoclastes, alliés des Anglais, et par ceux des Anglais ennemis de la France, et il n'a point à envier au Waterloo de Belgique son renom sanglant. Daigne le ciel nous épargner, à nous et à nos arrières-neveux, de pareilles défaites et même de pareilles victoires ! L'olivier de la paix sera toujours plus beau que le laurier de la guerre.

ÉPILOGUE.

Nous voici arrivés à l'époque contemporaine et nous croyons qu'on nous permettra de nous arrêter, d'abord parce qu'il y aurait plus d'un inconvénient à parler d'événements dont les acteurs et les témoins vivent encore, ensuite à défaut de renseignements sur les soixante ans qui viennent de s'écouler. Nous avons pris des informations, nous avons été frapper à plusieurs portes. A part les quelques détails que nous avons donnés dans les préliminaires et à l'occasion de certaines institutions, rien n'est venu nous révéler quelque fait un peu saillant. Bien des révolutions se sont succédées pendant ce laps de temps si court.

Le premier empire, la restauration, la révolution de 1830 et le règne de Louis-Philippe d'Orléans, puis 1848 et la république, suivie de la présidence et du second empire. Certes, l'histoire ne manque pas de faits à enregistrer de nos jours, mais ces faits sont de ceux qui embrassent des nations entières ; l'histoire locale est devenue plus stérile, et les petits détails que l'on pourrait recueillir n'ont pas, comme pour les temps anciens, cet intérêt qu'offrent des mœurs et des usages différents des nôtres.

Nos lecteurs pourront lire dans les histoires de Tourcoing et de Roubaix comment, en 1816, le territoire de Wattrelos fut souillé par un meurtre commis par des soldats saxons pris de boisson sur la personne d'un Tourquennois inoffensif nommé Duterte[1]. L'*Histoire de Lille* leur apprendra ce qui regarde les comédiens *d'Tourcoin, d'Roubais, d'Wacqua* et de *Waterlo* et leurs représentations dramatiques supprimées en 1804 par ordre supérieur[2]. Les journaux de Tourcoing et de Roubaix enregistrent les accidents, méfaits et sinistres de chaque semaine dans tous les cantons environnants. Nous laissons à d'autres la tâche ingrate de les dépouiller. Quelqu'un a dit : Heureux le peuple qui n'a pas d'histoire ! Nous ne voulons pas faire notre devise de cette parole ; surtout nous n'interdisons à aucun des enfants de la patrie commune de se distinguer dans les lettres, les sciences, les beaux-arts. Nous faisons des vœux pour que Wattrelos fournisse au clergé, à la ma-

---

[1] Voir l'*Histoire de Tourcoing*, page 225, pour les détails de cette triste affaire.

[2] Voir aussi *Histoire de Tourcoing*, page 340. *Histoire de Roubaix*, t. IV, page 285.

gistrature, à l'armée des hommes qui s'y fassent un nom glorieux ; mais après tout, que les braves habitants de Wattrelos s'occupent dans le calme d'une vie paisible à cultiver la terre, à exercer l'industrie, qu'ils soient tous bons frères, bons époux, bons citoyens, et par-dessus tout bons chrétiens ; leur histoire sera bien courte, en seront-ils pour cela moins estimables et moins heureux ?

APPENDICES

I.

LES FIEFS DES MASURES ET DE LA TANNERIE.

Peu importante en elle-même, la seigneurie des Masures, avec l'arrière-fief de la Tannerie qui en dépendait, mérite pourtant une notice spéciale, parce qu'elle relevait directement du comte de Flandre, qui était censé en recevoir l'hommage à la salle de Lille. Elle faisait donc partie intégrante de la châtellenie, ce qui ne peut se dire de Wattrelos.

La terre et seigneurie des Masures était un fief et noble tenement, gisant en la paroisse de Watrelos, châtellenie de Lille, consistant en une belle et grande cense, avec ses dépendances et les accessoires ordinaires, ayant une contenance de 45 bonniers, 14 cents et 8 verges d'héritage ou environ.

L'énumération des rentes seigneuriales est assez compliquée pour une si petite seigneurie; en voici le tableau:

1° Cinq rasières, trois havots un quart et un seizième de quart de blé, mesure de Courtrai[1], de priserie à l'espier de Lille ;

2° Une rasière d'avoine, même mesure ;

3° Sept chapons, un huitième et un neuvième d'un chapon ;

4° Une poule ;

5° 30 s. 4 d. parisis en argent ;

6° Le dixième denier à la vente, don ou transport des biens qui en dépendaient.

Le moulin à vent des Masures existait dès l'an 1397. Il était tenu à dix patars de reconnaissance par an, à la recette de Lille[2]. C'est aujourd'hui le moulin Tonton. Le seigneur des Masures, comme seigneur viscomtier, recueillait à son profit l'avoir des bâtards, les biens espaves ou étrangers et trouvés, etc.

Tous les chemins étaient de sa compétence. Il était tenu à une blanche lance ou à dix livres parisis de relief à la mort du possesseur, au dixième denier en cas de vente, don ou transport, et au service de cour quand il en serait requis.

Ce qui lui était fort honorable, c'est que la seigneurie de la Tannerie relevait de lui. Ce dernier fief était moins considérable et n'avait guère que vingt sous et une obole de rente seigneuriale ; mais il jouissait, comme celui des Masures, de la justice et seigneurie de Viscomte. Il devait à la seigneurie des Masures dix livres parisis de relief à la

---

[1] La mesure de Courtrai excédait d'un sixième celle de Lille.

[2] Arch. du départ. du Nord, rég. des fiefs, f° 135, v°, et répertoire des chartes, reg. de 1562-1560, f° 151, année 1564.

mort de l'héritier, le dixième denier pour vente, don et transport et le service en cas de réquisition[1].

Nous avons déjà parlé de la chapelle fondée à Wattrelos par les seigneurs de la Tannerie.

Voici les noms des possesseurs connus du fief des Masures :

Ernoulx, sire de Lesquielle, écuyer[2], relève le fief, le 2 juin 1389.

Cécile de Leschielle, fille du précédent, relève le fief le 26 mai 1397.

Philippe de Lannoy, seigneur de Beauvoir, fils de Philippe, seigneur de Molembaix, de Solre et de Tourcoing, relève le fief en 1561. Il le vend à Messire Maximilien Vilain de Gand, seigneur de Rassenghien, le 28 février 1567.

Le seigneur de Beauvoir s'est signalé d'une manière toute particulière pendant les guerres des Pays-Bas.

Le seigneur de Rassenghien, le vainqueur des Gueux à Wattrelos, est aussi une des illustrations du XVIe siècle.

Soit que le contrat de vente indiqué plus haut ait été rescindé, soit pour toute autre cause, la terre des Masures se trouvait encore dans la famille de Lannoy en 1594.

En effet, Yolande de Lannoy, dame de Molembaix, de Solre et de Tourcoing, épouse de Jacques de Croy, seigneur de Sempy, releva, en 1594, ce fief qui lui était dévolu par le trépas de son proche parent Philippe, fils de

---

[1] Arch. du départ. du Nord, reg. des fiefs, t. 2, f° cxii.
[2] C'est le titre que lui donne Jean Scapelinck, dans son tableau des fiefs de la châtellenie.

Philippe, seigneur de Beauvoir et de Jeanne de Bois-Trélon, « terminé jeune » à Madrid en 1594[1].

Au mois de mai 1607, la seigneurie des Masures fut achetée par Charles-Wallerand Obert, écuyer, seigneur de Godiempret, de Masenghien, de Lillette, etc., conseiller au conseil d'Artois.

La veuve dudit seigneur de Godiempret, Gertrude de Bernemicourt, mère et tutrice de Jacques-Guislain Obert, fit le rapport du fief le 4 août 1615.

Robert-François Obert le releva à son tour le 19 mai 1655, tant pour lui qu'au nom de ses frères et sœurs, après le trépas de leur père Jacques-Guislain, arrivé le 28 mai 1654[2].

[1] Ce Philippe de Lannoy, fils de Philippe, seigneur de Beauvoir, petit-fils de Philippe, seigneur de Molembaix, père d'Yolande, ne doit pas être confondu avec son cousin-germain Philippe de Lannoy, seigneur de Tourcoing, fils de Baudouin, seigneur de Tourcoing, petit-fils du même Philippe, seigneur de Molembaix, et mort la même année 1594, mais en Italie. (Voir l'*Histoire des Seigneurs de Tourcoing*, page 173 et page 152, et le P. Anselme, *Histoire généal. de la Maison de France*, que nous rectifions.)

[2] Ce que nous disons ici, d'après le registre des fiefs et les Mémoires de Jean Schapelinck, est quelque peu en contradiction avec la généalogie de la famille Obert dans l'*Annuaire de la Noblesse de Belgique*, année 1859, page 170, d'après lequel Walérand Obert serait mort en 1617, et Jacques-Ghislain en 1650, laissant un fils Jacques non marié qu'il avait eu d'Éléonore de Belvalet, fille de Florent, pensionnaire d'Arras, et de Jeanne Hapiot. D'après le même annuaire, Walérand Obert, seigneur de Godiempré, de Masinghem, de Grévilliers, de Villiers, conseiller au conseil d'Artois, était le second fils de Guillaume Obert, seigneur de Cauroy, mort en novembre 1554; son frère aîné s'appelait Lambert. Walerand reçut du roi Philippe II, le 81 octobre 1583, des lettres-patentes de noblesse enregistrées à Lille. Sa première épouse fut Marie le Prévost, dont il eut deux fils et une fille. Sa seconde épouse, Gertrude de Bernemicourt, fille de Claude, seigneur de Fouquières, lui donna deux fils et deux filles.

Dans les *Notes historiques relatives aux offices et aux officiers du bureau des finances de Lille*, par M. du Chambge de Liessart, on trouve M. Charles-Joseph Moucque des Mazures, chevalier, seigneur des Mazures, créé trésorier de France, à Lille, le 24 août 1742, mort le 10 avril 1746; son fils, Charles-Gabriel Moucque, porte aussi le titre de seigneur des Mazures.

Quant au fief de la Tannerie, nous avons vu les noms de deux de ses possesseurs, Pierre et Jacques de la Tannerie, vers la fin du XIV° siècle.

Il était tenu en 1615 du fief des Masures par Messire Hippolyte Petitpas, écuyer, seigneur de Gamans, Walle, Tannerie, etc., conseiller de la gouvernance de Lille, frère et héritier de Charles Petitpas, écuyer, seigneur de Mareville, Tannerie, etc., fils maisné et héritier de feu Charles Petitpas, écuyer, seigneur de Gamans, la Pontenerie, la Gacherie, etc.

Le terrier de Watrelos de l'an 1778 nous apprend que la cense de la Tannerie, après avoir appartenu au sieur de Mérignies, était échue à Messire Louis-François de Tenremonde, seigneur d'Inghelant et de la Tannerie.

II.

LISTES DIVERSES.

CURÉS ET DESSERVITEURS.

Alulfe, 1177.

Pierre (Dominus Petrus), 1232.

Jean Polon alias Polun, 1441-1444, chapelain des hautes-formes à la cathédrale de Tournai, non résidant, résigna par permutation sa cure au suivant.

Pierre de Valibus, 1444-1453, chapelain des hautes-formes à Tournai, non résidant, cède sa cure à Jean Olpe, moyennant une pension annuelle de 30 écus.

Jean de Plancqua, vice-curé, 1444-1453.

Jean Olpe alias de Olpen, 1454-1469, résidant de 1455 à 1466.

Jean de Lespiere, vice-curé, 1469.

Jacques Craugy, vice-curé, 1470.

Mre Pierre Bataille, 1474-1504, doyen de chrétienté d'Helchin en 1474 et 1480, et dans son rapport n'indiquant pas le nom du curé de Wattrelos, ce qui fait supposer qu'il l'administrait lui-même, nommé comme curé non résidant dans le rapport du doyen d'Helchin, en 1496, et comme vice-curé dans l'assiette des impôts de l'an 1498, mort curé, le 31 décembre 1504.

Pierre Blondeel (Dominus Petrus), 1506-1509.

Mre GILLES DE SAINT-GENOIS (Magister Egidius), 1510-1511, résigne sa cure en 1511.

Mre ARNOUD DE BOULOY, 1512, curé de Saint-Jacques à Tournai, curé de Wattrelos, non résidant.

LAURENT PARVI, alias LAURENTII (Dominus Laurentius), 1517-1536, prêtre, second clerc de la trésorerie de Tournai, curé non résidant, mort en 1536.

JEAN DE MAYO (Dominus JOANNES), 1537-1539; la cure lui est conférée, mais elle est l'objet d'un procès.

Mre PIERRE BOELS, 1540-1561, curé non résidant.

SIRE LOUIS DES HUELZ, 1747, vice-curé.

SIRE LOUIS DU TRIES, 1553, nommé comme curé ou plutôt vice-curé résidant.

MARTIN LEGAT, date incertaine, mais avant 1580, à ce qu'il paraît.

ANTOINE DESCAMPS, 1603, 20 octobre.

JACQUES DELCOURT, 1622.

PIERRE DE LE SART, 1634, 9 août, 1642, 15 octobre.

Mre JEAN DE LA HAYE, 1647, mort en septembre 1662, après avoir été huit ans curé de Capenghem et 15 ans de Wattrelos.

MICHEL-ALBERT DE LA HAYE, 1662-1701, frère du précédent et son coadjuteur pendant environ deux ans, mort le 14 août 1701. Les frères de la Haye fondèrent deux obits dans l'église paroissiale.

LÉONARD DE CONINCK alias CONINCK, 1701-1738, décembre, nommé le 6 septembre 1701, sortant de la cure de Prémesque.

VANDAMME ET FREMAUX, vicaires, desserviteurs, 1738-1739, novembre.

L.-J. d'Hin, 1739, novembre, 1741, 9 décembre.

François-Joseph Maudoux, desserviteur, 1741, 26 décembre, curé, 1742, 14 août; mort subitement le 3 janvier 1766.

Pierre-Étienne-Marie Jonville, Pierre-Ferdinand Simon, desserviteurs, du 5 janvier au 30 septembre 1766.

Maclou-Joseph Verdière, 1766, 30 septembre, 1775, 7 septembre.

Pierre-Antoine-Joseph Doignies, 1775, 1er octobre, mort le 13 avril 1787, âgé de 55 ans.

J.-B. de la Haye desserviteur, 1787, 23 avril, 28 septembre.

Louis-François-Joseph Carette, 1787, octobre.

Pierre-Réné Maréchal, 1er juin, curé constitutionnel.

Dacheux, 1802.

Fourmentel, 1803-1816.

Louis-Joseph Carette, 1816, né à Tourcoing, avait été, en 1791, chapelain du couvent de N.-D. des Anges, à Tourcoing; émigra ; donna des orgues à l'église.

Jean-Baptiste Seingier, 1832, 1er octobre.

CHAPELAINS ET VICAIRES.

Chapelains de Notre-Dame non résidants.

Martin Caron, curé de N.-D., à Tournai, 1442-1451.

Nicolas Galli, 1454-1463.

Guilbert de Atrio, 1464, il résigne sa chapellenie en 1469 au suivant.

Nicolas Vanin, 1469, 1474.

Antoine de la Dessoudz, 1495, 1498.

Siméon Hespel, 1504.

Jacques de Palude, 1505-1508.
Thierry de Gauly, 1509-1518.
Jean Cocquiel, 1525.
Pierre Prevost, curé de Roubaix, 1592.
Charles Adriaenssens, 1634.

Chapelains de Notre-Dame résidants attachés au service de la paroisse et de l'hospice.

Mʳᵉ Pierre-François Boully, 1676, 10 septembre 1681, 15 février.

Mʳᵉ Jean-Baptiste Heddebault, 1681, 16 avril, 1716, 3 novembre.

Jean Vandamme, 1716, mort le 28 septembre 1753, âgé d'environ 68 ans, après avoir été 37 ans chapelain des Vieux-Hommes et vicaire.

L. Du Bus, 1753, 21 décembre, 1769, 18 février.

J. Braquaval, 1769, 9 avril, 17 avril.

P.-A. Dutilleul, 1769, 9 juin, 1779, 19 septembre.

L.-J. Carrette, 1780, 30 septembre, 1784, 28 septembre.

J.-B.-J. Lepers, 1784, 13 octobre, 23 décembre.

A. Jacques, 1785, 17 janvier, 1791, 27 mai, reparaît comme prêtre assermenté en 1791, 9 octobre, 1792, 26 avril.

Chapelains de Saint-Jean-Baptiste résidants.[1]

Jean, 1622.

Mʳᵉ Dominique du Coulombier, 1663, 16 mai, 1664, 12 novembre.

---

[1] Le *Recueil des Chapelles sur le diocèse de Tournai* (Bibl. de Roubaix), indique le chapitre de Tournai comme patron de « la chapelle du château à Wattrelos, de S.-J.-B. »

Mre Robert Le Sage, 1664, 29 novembre, 1665, 12 novembre.

Mre Bonaventure Selosse, 1665, 26 novembre, 1675, 14 mai.

Mre Antoine Verly, 1678, 14 juin, 1692, 12 juin.

Mre Roger Hazebroucq, 1592, 17 août, 1710, 6 octobre.

Monier, 1714, 24 juillet.

J. Fremault, 1726, 19 septembre 1739, 14 novembre, plus tard curé à Antreulle.

F. Poutrain, 1739, 26 décembre, 1750, 14 décembre.

P.-H. Ferret, 1751, 26 janvier.

Pierre-Etienne-Marie Jonville, nommé le 13 décembre 1754, 1769, 3 août, vicaire d'Orchies en 1770, curé-doyen d'Orchies en 1773.

A.-J. Desmoutiers, 1769, 22 octobre, 1783, 17 avril.

J.-J. Labis, 1783, 17 juillet 1785, 1791, 16 mai.

Vicaires.

J.-B. Duforest signe des actes le 8 novembre et le 18 décembre 1739 et le 13 janvier 1742, mais sans prendre le titre de chapelain ni de vicaire.

M. Delewalle, prêtre et clerc, 1750, 6 janvier, 25 décembre, vicaire, 1750, 29 décembre, 1758, 31 septembre.

Alexis Vallerand, 1758, 18 octobre, mort le 3 décembre 1762, âgé de 38 ans.

Pierre-Ferdinand Simon, 1763, 16 janvier, mort le 30 avril 1768.

P.-J.-J. Wibaut, 1766, 1er mars, 29 septembre.

Morelle, 1768, 21 juin, 1770, 5 avril.

F.-J. Castellain, 1770, 29 avril, 21 décembre.

Pierre Siro, 1771, 10 février, 1775, 23 septembre.

F.-J.-M. Jacques, 1775, 1779, 22 septembre.

J.-B. De La Haye, 1779, 2 octobre, 1786, 21 avril.

J.-B.-J. Lepers, 1787, 2 mai 1789, 15 juillet.

L.-J. Delepoulle, 1789, 18 août 1791, 28 mai.

J.-M. *Duthoit*, vicaire constitutionnel, 1791, 1er juin, 28 septembre.

Serrurier, 1802.

Dupuis.

Legros, 1810, curé de Moncheux en 1812.

Leblanc, 1816, mort curé de Sailly-lez-Lannoy.

Staumont, 1819, mort curé de Leers.

Dubrulle, 1824, curé de Manies.

Fremerique, 1828.

Kerchove.

Brassart.

Quény, 1834.

Deleforge, 1er vicaire, 1834, nommé curé d'Abancourt.

Van Acker, 1836.

Pau, 1840, nommé curé de Vandignies, 1847.

Questroy, 1847, 15 novembre.

Desmedt 1848, 1er janvier.

Legrand, 1848.

Weemaes, 1848.

Vandermeersch, 1850.

Fourlinie, 1859.

Cailliez, 1863.

Cérisier, 1864.

BAILLIS.

BARTHÉLEMY (Dominus Bartholomœus), justicier, 1230.
JEHAN LE BALIU, 1238 ou environ.
GHODEFROIS DE COURCIELLES (baillius), 1343, 1359.
ROBERT DE LE MAIRIE, 1396.
PIERES DE COURCIELLES (baillieux), 1404, 1408.
JEHAN DOU CHASTEL, dit WALRANT, écuyer, 1415.
PHILIPPE DU PONCHIEL, 1421.
PIERRE DE GRIMAUPONT, 1442, 1448.
THOMAS LE BURE, dit TEURGNART, 1459.
WILLAMME UTENHOVE alias UTENHOUT, 1475.
JEHAN DES QUARTES, 1481, 1482, 1495, 1497.
OSTE alias HOSTE DU PLOYCH alias DU PLOUICH, 1498, 1518, 1520.
ADRIEN DU PLOYCH, alias DU PLOUICH, écuyer, 1544, 1551, 1553, 1576, ne vivait plus en 1594.
GEORGES LEMAISTRE, écuyer, seigneur du Mont et du Lyen, 1623.
DESMETTRE, 1625.
JEAN DE BISSCHOP, 1646, 1654.
PIERRE DE BISSCHOP, 1676, 1679.
JACQUES DE BISSCHOP, 1699, 1709.
JEAN-BAPTISTE MEURISSE, 1740.
JEAN-BAPTISTE-JOSEPH LEFEBVRE, 1755-1781.

LIEUTENANTS DE BAILLIS

JEHANS DE DRUMES, probablement lieutenant de bailli, ou receveur, 1343 et 1344.

Philippot de Courcelles, 1459.

Raisce Hespel, 1481.

Pierre De La Croix, 1520.

Charles Hespel, 1520, 1523.

Claude Lebrun, 1556.

Antoine Bataille, 1568.

Gilles Lebrun, 1623.

Robert Buxsaint, 1667.

Jean Lepers, 1676.

Estienne Jonville, fils de Rogier, laboureur, 1704, 5 novembre.

Jean-Baptiste Lefebvre, 1722, lieutenant de bailli ou peut-être bailli.

Jacques-Gabriel Piat, 1749, 7 janvier.

Pierre-François Lorfèvre, 1768, 1769.

ÉCHEVINS.

Le collége échevinal se composait de sept membres.

Bernardus de Molendino, 1226.

Oliverius de Molendino, 1226, 1230.

Bernardus Forestarius, 1226, 1230; 1232, 1233.

Johannes de Langleie, 1226, 1230.

Gislebertus de Spercin, 1226, 1230.

Walterus Magnus, 1226, 1230.

Willelmus Pressart, alias Pressars, 1226, 1230, 1232, 1233.

Godescalcus des Tombes, 1230.

Hugo Hazart, alias Hazars, 1232, 1233.

Willelmus des Preis alias de Prato, 1232, 1233.

Rogerius del Espire, 1232, 1233.

Wido Magnus, 1232, 1233.

Johannes del Wassengie, 1232, 1233.

Jehan de le Mairie alias de Maioria, 1404.

Gherart de Courcielles, 1404, 1407, 1408.

Gilles Hespiaus, alias Hespiauls, Hespiel et Hespeel, 1404, 1407, 1408.

Daniel des Cans, 1404, 1407.

Pieres alias Pirart Dou Plic, dit de Winehout, 1404, 1407, 1408.

Rogier Le Conte, 1404.

Jehan Rohart, 1404, 1407, 1408, 1415.

Jehan Lasqueme alias Lascaine et Laskaine, 1404, 1407.

Jehan Deschans, fils de feu Daniel, 1415.

Lotard de Courchielles, fils de feu Gérart, 1415.

Jehan Hespiel, fils de feu Baudart, 1415.

Jacquemant Fourlinniet, 1415.

Piérart de Ladezous, 1415.

Jacquemart Le Fevre, 1415.

Hue Liseux, dit Leureux, 1459.

Jehan de Lenglée, 1459.

Watier Hespel, 1459.

Loys de Courcelles, 1459.

Guérard Clarisse, 1459.

Gadifer Hespel, 1459.

Oste Bataille, 1459.

Olivier Bataille, 1481.

Jehan Delcroix, 1481, 1497, 1400, 1505, 1520, 1523.

Jehan Duhamel, 1481, 1499.

Jehan Descamps, 1481, 1495, 1499.
Jehan Delattre, 1481.
Jehan Hespel, 1481, 1497.
Loys Des Saulx, 1481.
Jacques-Martin de le Mairie, 1495.
Ottelet du Ploich, 1495.
Gilles du Plus, 1495.
Gilles Lebrun, 1497, 1499.
Gilles du Solier, 1497, 1499.
Jehan Castel, 1499, 1523.
Olivier Clarisse, 1499.
Ellin Clarisse, 1505, 1520.
Jehan Du Triez, 1505, 1520.
Pierre Du Hamiel, 1505, 1520.
Jehan Des Préaulx, 1505, 1520.
Jehan Le Febvre, 1505, 1520, 1523.
Claude Lebrun, 1505, 1520, 1523.
Jehan de la Dessous, 1523.
Gilles Hespel, 1523.
Pierre des Reulx, 1523.
Jehan Trentesols, 1547, 1551, 1553, 1556, 1576.
Philippe de Flines, 1547, 1553.
Jehan du Soullier, 1547.
Jehan de Suelz, 1547.
Pierre Melséant, 1547.
Jehan Du Hamel, 1547.
Jacques Hespiel, 1547, 1551, 1553, 1556.
Guilbert de Rœulx, 1551, 1553.
Jehan Hespiel, 1551, 1556, 1576.
Nicolas Hespiel, 1551, 1553.

Pierre Delcroix, 1553.
Antoine Castel, 1553.
Gérard de Ladessous, 1556, 1563, 1576.
Antoine de Beaussart, 1568, 1576.
Pierre Hespel, 1568.
Michel Lefevre, 1568.
Jehan de Bonnières, 1568.
Jehan De Le Croix, 1568.
Nicolas Liaigre, 1667, 1676.
Abraham Desrousseaux, 1667.
Noel de la Motte, 1667.
Jean de Bisschop, 1667.
Abraham Dereumaux, 1676.
Jacques Dujardin, 1676.
Jacques Duquesne, 1676.
Jean Lepoutre, 1676.
Louis Debisschop, 1676.
Jean Dereumaux, 1676 [1].
Jean-Baptiste Delebecque, 1722.
Louis-François Lepoutre, 1722.
Noel Hauwel, 1722.
Artus Lemahieu, 1722.
Noel Delemotte, 1722, 1745.
Michel-Albert Spriet, 1745, 1749, 1750.
Jean-Baptiste de Cottignies, 1745, 1749, 1750.
Nicolas Liagre, 1745, 1749, 1750.
Pierre-Joseph Lefebvre, 1745, 1750, 1751, 1753.

[1] Les six noms qui précèdent avec celui de Nicolas Liagre sont indiqués comme ceux des hommes de fiefs et échevins, en 1676.

Antoine Delebecque, 1749, 1750, 1751, 1753, 1755-1758, 1760-1771.

Philippe-François Dujardin, 1749-1751, 1753, 1757, 1758, 1760.

Philippe Hespel, 1750, 1751, 1753, 1755-1758, 1760.

Philippe Desrumeaux, 1750, 1751, 1753, 1755, 1761-1771, 1774-1779.

Pierre Lepoutre, 1753, 1755.

Albert Desreumeaux, 1753, 1755.

Pierre Baiart, 1755-1758, 1760.

Pierre-Philippe Fremault, 1755-1758, 1760.

Philippe-Joseph Jonville, 1756-1758, 1760-1771.

Jean-Baptiste Desreumaux, 1756-1758, 1760.

Louis-Joseph Lepoutre, 1761-1771, 1778.

Michel Selosse, 1761-1771, 1774-1778.

Pierre-François Liagre, 1761-1771, 1774-1779, 1781.

Albert d'Halluin, 1761-1769.

Pierre-Philippe Fattré, 1771, 1774-1781.

Jean-Antoine-Joseph Laloy, 1771, 1474-1779.

Pierre-Joseph d'Halluin, 1771, 1774-1781.

H. Duthoit, 1781.

Pierre-Marie Labis, 1781.

Jacques-Joseph Dubrulle, 1781.

Jacques Hennion, 1781.

Jean-François Rousseaux, 1781.

François-Joseph Delecluse, 1781.

François Droulers, 1781.

HOMMES DE FIEF

formant la cour féodale et d'appel.

Eustachius Botelgir alias Botelgirs, 1226.

Symon del Hornuire, 1226, 1230, 1232.

Johannes de la Sus alias de la Suis, 1226, 1230, 1232.

Walterus alias Waute del Espire, 1226, 1230, 1232, 1233.

Johannes del Mairie, 1226, 1230, 1232.

Egidius des Kennes, 1226, 1132, 1233.

Egidius Destombekines alias Des Tumbekines, 1226, 1232, 1233.

Henricus Sloc, 1226, 1230.

Daniel de Robbais, 1230, 1232.

Johannes del Espire, 1232.

Egidius Botelgir, 1232, 1233.

Johannes major, 1233.

Johannes de Haies, 1280.

Johannes de Durmees, 1280.

Dominus Johannes de Robais (Jean IIIe du nom, seigneur de Roubaix), 1280.

Bernardus de le Spiere, 1280.

Walterus li Botelgiers, 1280.

Walterus del Leoncort, 1280.

Johannes de le Merie, 1280.

Symon de le Keliewire, 1280.

Johannes de Stombekinnes, 1280.

Robertus de la Suus, 1280.

Johannes de le Spiere, 1280.
Walterus de le Wynge, 1280.
Johannes de le Tannerie, 1280.
Rogier Descans, 1359.
Jehan Hespiel, 1359.
Jehan Dou Bos, 1359.
Pieron de Grimaupont, 1359.
Mahiu Carette, 1359.
Jehan de la petite Espierre, 1359.
Michiel Destombekines, 1359.
Jehan des Quartes, 1498.
Wencelin de Warloy, 1498.
Jehan De la Croix, 1498.
Jehan Du Hamel, 1498.
Gilles Le Brun, 1498.
Nicolas Liagre, 1751.
Pierre-Joseph Delahaye, 1751-1763.
Georges de Loos, 1751, 1760, sergent de Wattrelos.
Jacques-Gabriel Piat, 1755.
Pierre-Joseph Lefebvre, 1755-1763, 1778.
Pierre-Antoine Montagne, 1755, 1756.
Louis-Joseph Lepoutre, 1756-1771.
Roger Jonville, 1756-1771.
Antoine Delebebq, 1756.
Jean-Baptiste Desreumaux, 1756, 1757.
Jean-Baptiste Delbecq, 1756.
Antoine Hennebel, 1756-1763, sergent.
Pierre Bayart, 1756-1760.
Philippe-Antoine Piat, 1757-1763, sergent, mort vers 1767.

Michel Selosse, 1762-1778.
Pierre-François Liagre, 1762-1776.
Philippe-Joseph Jonville, 1760-1769.
Dominique-Joseph Lhermite, 1762.
Albert d'Halluin, 1764-1768.
Louis-Joseph Piat, 1765-1779, procureur d'office à Wattrelos.
Louis-Joseph Jubaru, 1770, 1771.
Michel Lemer, 1770, sergent.
Louis-Joseph Jonville, 1771-1774.
Jacques-Joseph Fourlinnie, 1771, nommé sergent le 8 janvier 1771.
Jean-Baptiste Nollet, 1771.
Pierre-Philippe Fattré, 1771-1778.
Philippe-Joseph Piat, 1776.
Gabriel-Joseph Desaubies, 1777.
Pierre-Antoine-Joseph Hennebel, 1778-1781.
Louis-Joseph Fourlinnie, 1778-1781, sergent.
Philippe-Joseph Jonville, 1779.

SERGENTS

(Outre ceux déjà indiqués).

Henricus Vos, 1249.
Hennequin Descamps dit le Dieu, 1415.
Pierre-Charles Tellier, 1779.
Louis Joseph Piat, fils de feu Philippe-Antoine, 1778.

RECEVEURS.

Ghodefrois de Courcielles, 1343.
Jehans de Drumes, 1343, 1344.

Jehan des Quartes, 1458.

Jehan des Quartes, fils du précédent, 1498.

Guillaume Leblanc, chevalier seigneur de Houchin, conseiller et maître des comptes à Lille, administrateur des biens de Wattrelos, 1536.

M⁰ Baudouin Cuvillon, 1553, 1558.

Jacques du Cellier, 1576, 1581.

Pierre Meulemans, 1597, 1603.

Jacques De La Haye, 1598.

Jean de Bisschop, 1646.

Pierre de Bischop, 1676.

Jean-Baptiste Lefebvre, 1767.

Pierre-Joseph Lefebvre, 1770-1781.

MAIRES.

Jean-Baptiste-J. Duquenoy, officier municipal de Wattrelos, 4 décembre 1792.

Isidore-Joseph Hazebrouck, officier public, du 1ᵉʳ décembre au 31 décembre 1792.

Pierre-Marie-Joseph Van Reust, officier public, du 1ᵉʳ janvier 1793 au 6 messidor an 2.

Pierre-Réné Maréchal, prêtre assermenté, officier public, du 6 messidor an 2 au 20 pluviôse an 4.

P.-M.-J. Van Reust, agent municipal, du 20 pluviôse an 4 au 1ᵉʳ floréal an 5.

Pierre-Honoré Hespel, du 1ᵉʳ floréal an 5 au 1ᵉʳ vendémiaire an 6.

Jacques-Joseph Carette, ag. mun. du 1ᵉʳ vendémiaire an 6 au 20 prairial an 8 ; maire provisoire du 20 prairial au 1ᵉʳ thermidor an 8.

Floris-Joseph Lezaire, maire, du 1er thermidor au 1er complémentaire an 8.

Hippolyte Duthoit, adjoint faisant les fonctions d'officier-civil, du 1er vendémiaire au 20 pluviôse an 9.

Vincent-Joseph Lefebvre, maire, du 20 pluviôse an 9 au 15 ventôse an 13.

Fl.-J. Lezaire, maire, du 15 ventôse an 13 ou 22 mai 1808.

Pierre-Joseph Bettremieux, maire, du 25 mai au 15 novembre 1808.

Louis-Joseph Deplasse, maire, du 15 novembre 1808 au 26 novembre 1815.

Pierre-François-Joseph d'Halluin, maire, du 25 novembre 1815 au 27 mars 1822.

Constantin-Joseph Droulers, maire, du 27 mars 1822 ou 24 mai 1825.

Lezaire-Salembier, maire, du 24 mai 1825 au 9 septembre 1830.

Pierre-Joseph Duthoit, maire, du 9 septembre 1830 au 6 mars 1831.

Bettremieux Willoquet, maire, du 6 mars 1831 au 2 mai 1847.

Fourlinnie, conseiller municipal ayant la signature des actes, du 4 mai 1847 au 23 novembre 1848.

Duthoit-Glorieux, maire, du 23 novembre 1848 au 14 avril 1856.

Béghin-Thiers, adjoint, faisant les fonctions de maire, du 14 avril 1856 au 21 septembre 1859.

Denis Pollet, maire à dater du 21 septembre 1859.

ADJOINTS.

Derumaux, 1806, 1807.
Castel, 1806, 1807.
Masure, 1808, 1811.
Lorfebvre-Lesage, 1808-1811.
Meurisse, 1812-1814; 1830-1833:
Lorfebvre 1812-1814, 1816, 1820.
Bettrémieux, 1816-1820, 1830.
Lezaire-Salembier, 1822, 1823.
L. Delplanque, 1822-1829.
Jubaru, 1825-1829.
Demey, 1831-1834.
Pollet, 1833.
Meurisse-Lemaire, 1835, 1836.
Agache Duthoit, 1835-1847.
Mullier, 1840-1847.
Beghin, 1848-1864.
Dhalluin, 1848-1864.

III.

COMBAT DE LYS-LEZ-LANNOY,

Le 29 décembre 1566.

Ainsi que nous l'avons dit plus haut, le combat de Wattrelos fut bientôt suivi d'un combat plus important encore, livré à peu de distance de ce village.

Après le beau fait d'armes du baron de Rassenghien, les ministres des consistoires de Lille et de Tournai ayant reconnu que leur projet d'entrer à Lille par surprise était désormais un coup manqué, résolurent, selon Strada, de se jeter sur Lannoy, petite ville alors fortifiée, et de s'y établir. Il dut y avoir dans cette circonstance d'assez nombreuses évolutions de la part des rebelles. Surius nous apprend que ceux qui se trouvaient aux environs de Tournai, après avoir pillé, le jour de la Saint-Jean, le couvent des Chartreux et l'abbaye des Prés-Nonnains, puis, le jour des Saints-Innocents, l'abbaye de Saint-Nicolas-des-Prés, se dirigèrent le même jour vers Wattrelos pour se joindre à leurs compagnons dont ils ignoraient la défaite. Une autre troupe paraît avoir passé par Tourcoing le lendemain, jour de Saint-Thomas-de-Cantorbéry, pour se rendre à Lannoy. C'était peut-être celle de Cornille, que l'on sait avoir réuni les débris de la bande si maltraitée à Wattrelos, le 27, et s'être trouvé le 29 devant Lannoy. D'après Strada, l'armée tournaisienne, composée de 4000 hommes et commandée par Jean Soreau se retira de devant Lille à la nouvelle du désastre de Wattrelos et se replia vers Lannoy.

Buzelin et Surius ne portent qu'à 3,000 hommes les troupes de Cornille et de Soreau. Quoi qu'il en soit, ces bandes indisciplinées, bien que rangées sous la conduite de onze enseignes d'infanterie, n'étaient guères redoutables par elles-mêmes. Si quelques hommes avaient pu se procurer des armes[1], ils n'avaient pu apprendre à s'en servir ; un grand nombre n'avait entre les mains que des instruments propres à des ouvriers ou à des laboureurs, tels qu'ils étaient pour la plupart. Les seuls soldats capables de résister étaient 200 partisans venus de l'Artois et du Hainaut qui avaient fait l'apprentissage de la guerre contre les français sur la frontière du royaume et s'étaient mis ensuite à exercer le brigandage dans les bois et dans les campagnes. Mais en même temps que ces bandits accouraient de divers côtés pour dévaster la contrée, les troupes catholiques se réunissaient aussi pour la défense de la religion et de la patrie.

Philippe de Noircarme, vice-gouverneur du Hainaut, alors occupé au siège de Valenciennes, qui naguère était

---

[1] La sentence prononcée contre les hérétiques de Tourcoing mentionne un certain Rogier du Forest comme « ayant furni et esquippé d'armes aulcuns pour aller en la trouppe des geulx et rebelles vers la ville de Tournay, » un certain Anthoine Screve comme « ayant achapté armes pour secourir les rebelles contre Sa Majesté, » et un Jérôme Vienne comme « ayant esté garny d'une hallebarde en la compagnie des ministres Cornille et Jehan Soreau. » (Sentence contre les briseurs d'images et les hérétiques de Tourcoing, extrait de la *Revue du Nord*, publié par M. Roussel-Defontaine.)

tombée au pouvoir des gueux, venait de recevoir de la gouvernante une lettre qui l'avertissait des mouvements que les sectaires opéraient aux environs de Lille, dans le but de concourir à la délivrance de leurs coreligionnaires. Ordre lui était donné de les prévenir et de déjouer leurs projets, de concert avec le baron de Rassenghien. Aussitôt Philippe s'était mis en route avec une partie de ses troupes et il s'avançait à marche forcée vers les rebelles. Sa petite armée se composait de six vieilles compagnies wallonnes, du nombre de celles qu'on appelait compagnies ordinaires, et qui servaient à alimenter en tous temps les garnisons des villes frontières. Il avait, en outre, les deux bataillons de cavalerie du comte de Rœux et du baron de Montigny, formant environ 500 hommes. Le comte de Rœux, Jean de Croy, conduisait lui-même son bataillon avec son lieutenant Antoine de Nedonchelle, seigneur de Quesnoy, personnage aussi prudent que courageux ; la troupe du baron de Montigny était commandée par Jean de Bailleul, seigneur de Sure[1].

Le baron de Rassenghien, qui ne savait rien de l'arrivée du sire de Noircarme, avait, pendant toute la nuit du 28 au 29, envoyé de tous côtés des émissaires pour réunir les nobles de la châtellenie, et les paysans, dont plusieurs s'étaient depuis quelque temps exercés au maniement des armes. Dès six heures du matin, il avait rassemblé 100 cavaliers, près de 400 fusilliers exercés, et plus de 3,000 paysans armés d'une manière quelconque. Arrivé au village de Croix, il fit faire halte à sa troupe et envoya des éclai-

[1] Surci toparcha dit *Buzelin*

reurs pour découvrir où étaient les rebelles. Le sire de Noircarme qui arrivait, comme nous l'avons dit, à grands pas, en avait fait autant de son côté; les deux détachements se rencontrèrent, et les ténèbres les ayant empêchés de se reconnaître, ils déchargèrent leurs armes; deux cavaliers tombèrent morts, un de chaque côté.

Les Gueux cependant s'étaient présentés de grand matin devant les murs de Lannoy et avaient invité les habitants à leur ouvrir les portes. La ville avait fort peu de défenseurs, les murs en étaient peu solides; le château seul offrait quelque moyen de résister; mais les habitants firent preuve d'autant de fidélité que de bravoure. Ils refusèrent énergiquement l'entrée de leur ville, et sans se laisser intimider par les menaces des gueux, ils surent les arrêter assez longtemps pour que Noircarme et Rassenghien eussent connaissance du péril qu'ils couraient et des efforts que faisaient les sectaires. Bientôt les courageux défenseurs de la cause catholique apprennent l'heureuse nouvelle de l'arrivée des troupes royales. Les Gueux se retirent aussitôt du côté de Wattrelos et s'arrêtent à Lys dans un endroit qui leur paraît propre à la résistance. Derrière eux étaient de larges fossés remplis d'eau et d'épaisses haies d'épines; sur leur front de bataille et sur leurs flancs se trouvait une prairie humide et fangeuse dont le sol mouvant rendait le passage fort difficile à la cavalerie des catholiques. Noircarme, déconcerté et ne voyant devant lui que de la boue, n'osait lancer ses soldats et songeait à leur faire faire un long circuit pour entourer l'ennemi. Le comte de Rœux disait qu'il fallait l'attaquer en face de peur qu'il ne leur échappât par la fuite; mais voici qu'Antoine de Nédonchelle, à qui ses connaissances militaires donnaient sur les deux chefs une grande autorité, leur dit en riant : « Il ne faut pas tant délibérer lorsqu'il s'agit d'attaquer, non pas des soldats, mais de misérables bandits qui tremblent déjà et regardent derrière eux pour voir de quel côté fuir, » et bientôt, de l'aveu de Noircarme et du comte, il lance rapidement son cheval au milieu de la boue ; les autres, à cette vue, donnent de l'éperon et se précipitent à sa suite. Quelques-uns dont les chevaux étaient trop faibles ou trop petits coururent bien quelque danger, mais ils finirent par arriver tous du côté opposé ; les fantassins eurent plus de peine à traverser ce bourbier, mais, après quelques efforts, ils réussirent à rejoindre la cavalerie. Les Gueux, frappés de stupeur à ce spectacle inattendu, ont la maladresse de décharger tous leurs fusils avant même que les cavaliers catholiques soient à leur portée, et aussitôt, prenant la fuite, ils se jettent en désordre de droite et de gauche. Il n'y eut de résistance que de la part des artésiens et des hennuyers, commandés par un certain Teriel, banni d'Arras pour ses crimes. Ils se succédèrent quelque temps les uns aux autres et surent profiter de leur position pour arrêter un instant leurs adversaires, mais enfin ils furent tous tués. Quant aux autres, on en massacra un si grand nombre, que le sol était jonché de leurs cadavres. Ceux qui échappèrent aux combattants tombèrent sous les coups des villageois, et fort peu réussirent à s'évader en lieu sûr. 1,500 hommes gisaient sur le champ de bataille ; 20 canons de campagne, 2 tonneaux de poudre et 15 bannières servirent de trophée à la victoire. Noircarme n'avait perdu que 6 hommes.

Le baron de Rassenghien arriva trop tard et n'eut connaissance de la marche du seigneur de Noircarme que lorsque la bataille avait été gagnée[1].

[1] Le récit que nous avons fait de la défaite des Gueux, à Wattrelos, est tiré presqu'en entier des *Annales de la Flandre wallonne*, par le P. Buzelin, liv. II, page 535. Le fait est certain historiquement quant à la substance; il n'en est pas de même de toutes les circonstances sur lesquelles les contemporains eux-mêmes ne sont pas d'accord, soit qu'ils aient reçu des informations inexactes, soit qu'ils aient mêlé différents événements. Nous allons noter ici les principales différences : et d'abord Buzelin lui-même, dans son *Gallo-Flandria, sacra et profana*, page 79, donne un autre récit d'où nous avons tiré que Cornille resta près de sept jours à Quesnoy, et qu'il eut le temps de se retrancher à Wattrelos avant l'arrivée de Rassenghien, tandis que le premier récit suppose que Rassenghien arriva à Wattrelos presqu'en même temps que Cornille. D'un autre côté, le récit du *Gallo-Flandria* suppose que Cornille fut battu une seconde fois par Rassenghien à Quesnoy, le vendredi, et les *Annales* disent qu'il le fut à Croix, pendant qu'il était en marche pour Wattrelos. La déposition du prisonnier Jean Denys, dans les registres du conseil des troubles, ne permet guère de supposer qu'il se soit trouvé à Croix ce jour-là. Nous avons donc dû supposer que ce fut une autre troupe que la sienne que le baron rencontra sur sa route. Buzelin tenait d'un vieillard, qui s'était trouvé alors à Wattrelos, le fait de la résistance dans le cimetière, et des Gueux sauvés par les gens de l'endroit. Nous avons tiré du récit de Van der Haer (*de initiis tumult. Belg.*, liv. II, page 429) le titre que se donnait Cornille de général de la milice de Flandre. Van der Haer, du reste, ne contredit pas Buzelin. Il parle comme lui de sept jours passés par Cornille à Quesnoy; mais ne précise pas le lieu de la seconde défaite.

Michel ab Isselt (*Hist. sui temporis*, page 83) dit que quelques-uns des soldats de Cornille furent battus par les Lillois, d'autres à Quesnoy par Rassenghien, d'autres enfin brûlés dans le clocher de Wattrelos.

Laurent Surius (*Commentarius brevis rerum in orbe gestarum ab an. 1500 ad an. 1567*, page 807) nous a donné la date de la bataille (*ipso S. Joannis die festo*), ainsi que le nombre des combattants des deux partis avec celui des morts; il nous a appris que les soldats hérétiques vinrent surtout de la West-Flandre, où l'on avait commencé le sac des églises. Nous y avons aussi trouvé ce qui concerne le bailli et le curé de Wattrelos; il est vrai qu'il se sert de l'expression *Domini de Waterlosio* que Buzelin ne sait dans quel sens prendre. Wattrelos, dépendant alors du chapitre de Gand, nous avons cru que l'auteur, bien informé quant au fait, a pu être mal renseigné quant à la qualité d'une des personnes, d'autant plus que les baillis étaient dans certains villages comme de véritables seigneurs et pouvaient fort bien en recevoir le titre de la part du peuple.

Famien Strada (liv. I) nous a appris que la troupe de Cornille venait des environs d'Armentières et nous a expliqué le plan des rebelles. Il ne donne à cette troupe qu'un peu plus de 300 soldats, et à celle du gouverneur que 150 gens de pieds et près de 50 cavaliers. Il fait monter le nombre des sectaires tués à 230, ce qui peut être vrai en réunissant les diverses défaites. Strada semble avoir eu sous les yeux deux lettres de la gouvernante Marguerite de Parme au roi Philippe II. D'après le précis de la première (*Corresp. de Philippe II*, par M. Gachard, tome I, page 499), 3 à 4,000 sectaires réunis dans les environs de Tournai devaient être renforcés de deux enseignes sorties d'Armentières; « mais Rassenghien, gouverneur provisoire de Lille, marcha contre ces derniers avec 200 hommes et les rompit; les sectaires laissèrent sur la place plus de 200 hommes, ainsi que leurs drapeaux et leurs armes. » La seconde lettre, datée comme la première du 3 janvier 1567, « donne au roi plus de détails sur cette affaire qui eut lieu au village de Waterlos, dans la châtellenie de Lille. »

Remarquons ici que certains manuscrits consultés par Buzelin supposaient que Cornille avait quitté Quesnoy avant d'être attaqué par Rassenghien, lequel ne l'avait atteint qu'à Wattrelos. Le manuscrit du chanoine Toussaint Carette, à la bibliothèque de Lille, donne la même date que Surius (la veille des Innocents, 1566), et nomme le capitaine des Lillois, le seigneur du Brœucq.

Dans un « discours sur le fait des troubles qui eurent lieu dans la châtellenie de Lille » (Arch. de Bruxelles, Conseil des troubles, vol. XX, f° 32, v°), le combat de Wattrelos est brièvement rapporté de la manière suivante : « Le vendredy suivant le Noël dudict an (1566), ledict seigneur (gouverneur, baron de Rassenghien) entendyt que quelques compaignies de Flamens sectaires passoient en armes vers Wattrelos, pour se joindre à ceulx estans près Tournay, icelluy seigneur envoya pareillement lesdicts (cincquãute) chevaux legiers (qu'il avoit nouvellement soubz sa charge) avecq quelquez nombre de gens de pied; lesquelz a l'adsistenement de pluissieurs gentilzhommes de ladicte ville et chastellenie, firent sy bon debvoir que lesdicts sectaires furent deffaictz.»

M. Lebon (*Flandre wallonne au XVI*e *et XVII*e *siècle*, page 53) a confondu l'affaire de Wattrelos avec la bataille de Lys.

Pour le récit du combat de Lys-lez-Lannoy, comme pour celui de Wattrelos, nous avons suivi Buzelin (*Annales* lib. 11, p. 535-537, *Gallo-Fland.* p. 79, en le complétant au moyen de la lettre de Marguerite de Parme (*Corr. de Philippe II*, t. 1, p. 499), de Strada, (t. 6 p. 307), de Michel ab Ysselt (p. 83), de Van der Haer (l. 2 p. 430), de Surius (p. 897) et des registres du conseil des troubles. Nous avons encore consulté Van Meteren (p. 61), Bentivoglio, de Thou, Pontus Heuterus, Chappuys, p. 40.

Inutile de signaler les différences, assez légères, du reste, qui existent entre ces divers auteurs. Buzelin dit s'être appuyé principalement sur Vander Haer, Michel ab Ysselt et Watemburgius. Il a aussi consulté Pontus Payen, François Lanario, Gabriel Chappuis, Laurent Surius, Natalis Comes, Opmeer, Haræus et d'autres. Il est facile d'accorder les auteurs qui donnent aux rebelles pour chef les uns Cornille, les autres Sorcau. La sentence contre les briseurs d'images de Tourcoing les nomme tous deux. Quant au nombre exact de tués et de blessés, ainsi que des étendards pris, il est impossible, et du reste peu utile, d'en savoir le nombre exact. Les auteurs qui supposent que Rassenghien prit part à l'action sont des étrangers et leur témoignage doit le céder à ceux des auteurs du pays même. Il est possible cependant que ses soldats aient poursuivi quelques fuyards. Il est à remarquer que tous les auteurs anciens qui donnent la date de cette bataille la placent au 29.

TABLE DES MATIÈRES.

Préface.		v
Introduction.	Chapitre I. Noms, variantes, étymologie.	1
—	Chapitre II. Situation, nature du sol.	4
—	Chapitre III. Aspect général, cours d'eau.	10
—	Chapitre IV. Division territoriale.	15
—	Chapitre V. Population.	35
—	Chapitre VI. Souverains et seigneurs de Wattrelos.	47

Chapitre I. Antiquité de Wattrelos ; époque romaine. . 59
Chapitre II. Saint Bavon et la villa de Wattrelos à l'époque franque. 66
Chapitre III. Wattrelos rendu à l'abbaye de Saint-Bavon ; la seigneurie de Wattrelos. 73
Chapitre IV. Lambert, de Wattrelos et sa généalogie, ou une famille noble de Wattrelos au XIIe siècle. 79
Chapitre V. La Cure de Wattrelos et son patronat. . . 87
Chapitre VI. Accroissement du pouvoir seigneurial. . . 92
Chapitre VII. État de la seigneurie au XIIIe siècle. . . 99
Chapitre VIII. Troubles à Wattrelos ; conflits de juridiction. 104
Chapitre IX. Wattrelos sous la souveraineté immédiate du roi de France ; l'usurier Crespin ; incursions de troupes armées. 109
Chapitre X. Une exécution par la corde à Wattrelos ; les comptes des baillis, etc. 116
Chapitre XI. Wattrelos sous les ducs de Bourgogne ; la chapelle de la Tannerie. 122
Chapitre XII. Conflits de juridiction ; le conseil de Flandre ; une amende honorable. 126
Chapitre XIII. Réparation des droits lésés ; nouveaux conflits. 132
Chapitre XIV. Le combat dit du pont d'Espierre ; encore des conflits de juridiction. 136
Chapitre XV. Une aventure d'un jour de *dédicace* à Wattrelos. 143

Chapitre XVI. Incursions de la garnison de Tournai. . 148
Chapitre XVII. Autres conflits de juridictions ; le chapelain de Notre-Dame. 151
Chapitre XVIII. Quelques détails sur l'administration des biens de l'abbaye à Wattrelos. . . 155
Chapitre XIX. Derniers conflits de juridiction au XVIe siècle ; l'abbaye de Saint-Bavon changée en chapitre séculier ; ses biens réunis à l'évêché de Gand. . . . . , . . . 161
Chapitre XX. Nouvelles hérésies ; sac de l'église de Wattrelos 165
Chapitre XXI. Défaite des Gueux à Wattrelos. . . . 170
Chapitre XXII. Combat de Lys-lez-Lannoy ; triste fin de plusieurs sectaires. 174
Chapitre XXIII. Les Gueux au pont des Masures. . . 177
Chapitre XXIV. L'église de Wattrelos. 182
Chapitre XXV. Le curé et le presbytère de Wattrelos. . 192
Chapitre XXVI. Administration des biens de la seigneurie de Wattrelos, depuis la sécularisation de l'abbaye de Saint-Bavon, et l'érection de l'évêché de Gand. 200
Chapitre XXVII. Droits seigneuriaux ; les magistrats ; la commune ; les francs-archers 206
Chapitre XXVIII. Commerce et industrie à Wattrelos à partir du XVIIe siècle 211
Chapitre XXIX. La bienfaisance à Wattrelos ; l'hospice des vieux-hommes 217
Chapitre XXX. La maison Saint-Charles 224
Chapitre XXXI. Le jansénisme à Wattrelos 229
Chapitre XXXII. La révolution française 234
Chapitre XXXIII. Les ennemis de la France vaincus à Wattrelos. 238
Épilogue 240
Appendices. I. Les fiefs des Masures et de la Tannerie. . 243
II. Listes diverses, curés et desserviteurs. . 248
III. Combat de Lys-lez-Lannoy. 260

Tourcoing, Imp. J. Mathon.

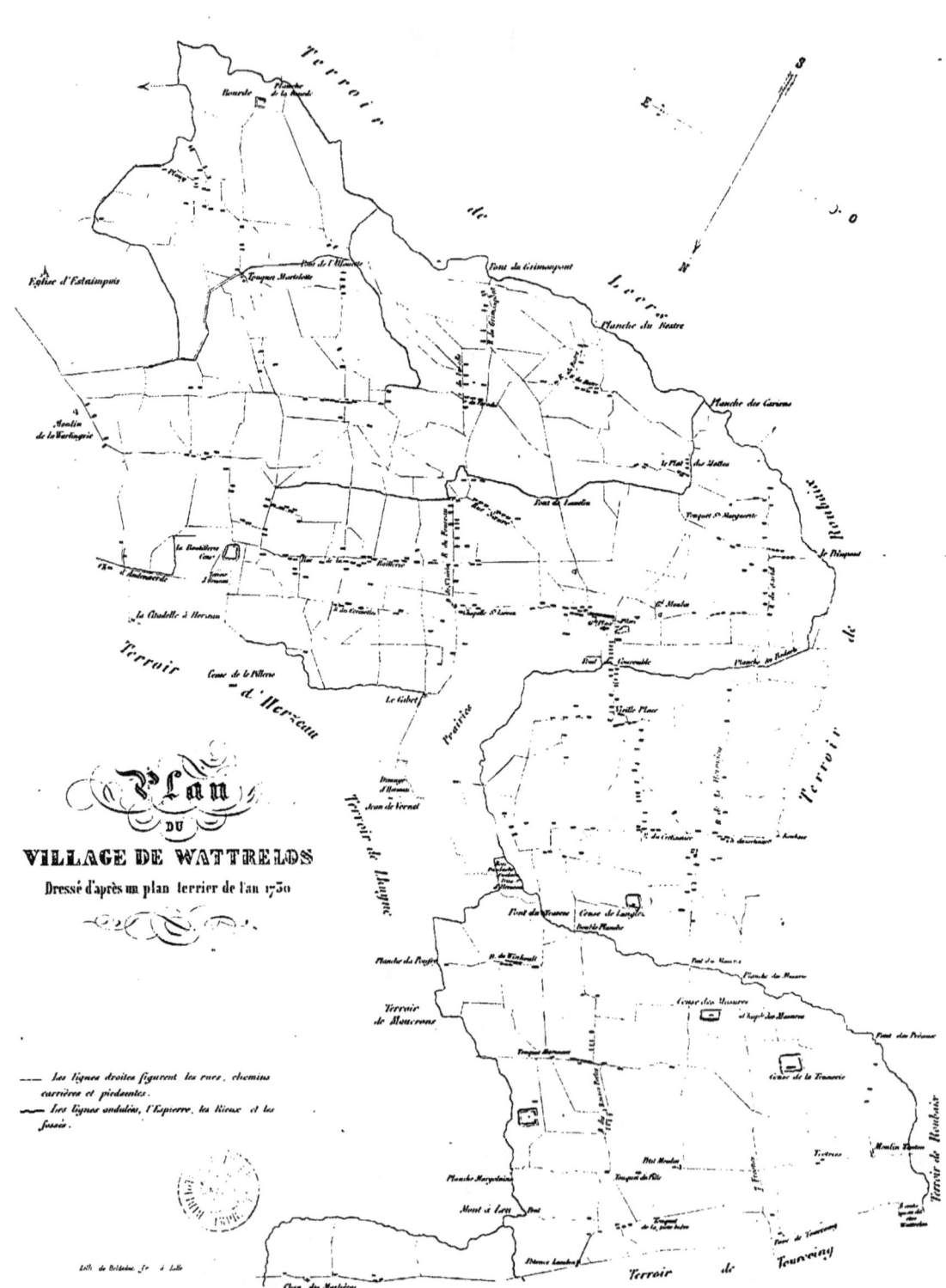

www.ingramcontent.com/pod-product-compliance
Lightning Source LLC
Chambersburg PA
CBHW070536160426
43199CB00014B/2275